U0053022

飲膳佳會

——餐桌上的文化史

周惠民　著

序一

周惠民教授與我論交十餘年，雖然南北千里，他曾在人民大學作客講學，我也到過臺北客座兩次，各有半年。期間，常與周教授往還，討論各種課題之餘，也常各抒己見，因此對他的認識已超過朋友或同僚。周教授早年留學德國，專門研究中德關係史，對清史及民國史都有極為出色的見解，但他對東西文化的比較，能隨時將不同事物連結起來，說明其原委，才是現代學科各分畛域情況下的獨到功夫。有一年，在北京召開的一場清史檔案研討會中，幾位歐洲學者參與，有專治中國史的學者，也有精研德國檔案的專家。會議期間，周教授除了就中德關係發表論文外，還讓德國學者認識了歐洲文化史的重要發展歷程。

幾位德國專家努力地與筷子奮鬥時，不免提到上刀叉好使。周教授特意請教:「歐洲人什麼時候開始使用刀叉?」幾位專家眾議僉同:「難道不是一直如此?何須此問?」周教授乃引經據典，說明刀叉要到 19 世紀以後才走入民間。這幾位學者不免睜大眼睛，點頭稱是，在座許多人也才恍然大悟。這種生活與知識結合的功夫，除了專業之外，還得要興趣。周教授就是這麼一個興趣廣泛的人。

他在書中處處表現出他對中西歷史的認識與興趣，將不同的課題巧妙的串連起來，卻又如此自然。他為北京報刊所寫的文章，我常常拜讀，但往往不能窺其全豹，現在這些文章集為一冊，讓讀者能免去查找，一氣呵成的閱讀，算是功德一件。

人民大學清史所退休教授，著名清史專家

成崇德

序二

今天做菜時，一面拿著開罐器跟個罐頭奮鬥，一面想起拿破崙英姿煥發的肖像。這是咋回事兒？原來曾經讀過老友周教授的〈罐頭由來〉這篇散文，才知道罐頭與拿破崙有段因緣。若非拿破崙為解決軍隊口糧問題，還不會有罐頭橫空出世。拿著周教授的書前前後後地瀏覽，最常要嘟囔的就是「原來如此」！這種欣喜不像是發現新大陸、發現化學元素那般高遠的追求，而是那種發現隱藏在自己手邊小祕密的喜悅。

無論平常同仁聚餐，或在飲食文化的課堂裡，周教授總要反覆提示學生，飲食是一種文化，是文明的過程。可有時想想，正是文明造就的工業化社會，一步步拉長了我們與食物的距離。食物雖然唾手可得，患多不患少，但日常食品包裝層層疊疊，上百種化學原料妝點著慣常的風味與色彩，講究點的，計較的還是熱量、鹽分，至於下肚的究竟是啥，總鬧不清。就算在自己的廚房與餐館裡吃的東西，也總認為理所當然，就該這麼吃，絕少想想食材從何而來？料理有沒有「本來面目」？

看著這本《飲膳佳會——餐桌上的文化史》，充分滿足了這種求知的欲望。讀者猶如在無垠時空中穿梭，看著一種種一樣樣的食物，如何跟著人類足跡演化遞嬗。想像我們眼前的食物在歷史中百轉千迴，從國王的餐桌到了路邊攤；從東半球到西半球，改了點配方、改了個名字，終於明白，人們不一定吃什麼，也不一定不吃什麼，但好東西總是會成為人們的共同遺產。

更難得的是，在這一篇篇文字精鍊的小品之中，讓讀者體會到，無論《禮記》、《戰國策》，還是《水滸傳》，都能告訴我們同一個道理；無論是鄂圖曼宮廷、維也納宮廷，還是大宋朝廷、大清朝廷，離我們都沒那麼遠。可見，食物能夠多麼自然地將文化禮節、古籍經典帶到我們的生活。只要我們願意，俯拾皆學問。

政治大學歷史系退休教授

孫鐵剛

自　序

十年前，一本飲食雜誌的主編邀我寫稿，當時以為是玩票性質，寫了一兩篇之後就擱筆。沒想到主編要我長期寫一個比較飲食文化的專欄。以後三年多時間，就思索枯腸，定期交稿。這本雜誌前後出了四十期，卻無預警的戛然而止，據說收攤是因為銷路有限。我並非唯一的作者，就沒有把所有停刊的罪過攬在自己身上。不過寫飲食相關課題已經成了習慣，閱讀之際，經常想像：這個材料可以發展成一篇文章，那個題目應當可以發展，一旦失去發表園地，仍有點雞肋般的可惜。有天，一家出版社邀我寫稿，我便蒐集舊稿，出版了《飲膳隨緣》一書。稍後，北京的一個雜誌社編輯見到這本書，發信邀稿，又開始筆耕生涯。幾年來，也有許多積累。

早幾年前，先後在三民書局出版兩本歷史書，歷經滄桑終於交稿。其後，主編再度邀稿，也曾答應寫一本飲食文化史專書。但學校中的教學、行政分掉許多心力，飲食文化史遲遲無法交稿。今年年初，書局主編再度來信，我乃提議：將幾年來的稿件交由書局出版，不算抵債，只是補過。書局欣然同意，倒是出乎意料，於是有了這本文集。

生活富足後講究吃喝原也是社會發展的常態，但近年來國內許多介紹美食的文章或書刊、雜誌卻一直停留在講究口腹之慾的階段，實在不能苟同。這倒不是老子哲學所說「天下皆知美之為美，斯惡已」，而是美食根本無法定義。許多人不喜香菜，科學家說是先天形成，有些人體內受體決定了對香菜氣味的好惡，就好似貓科動物對柑橘類避而遠之。

各種文化甚至對香味的定義也完全不同，所以又如何能評斷法國乳酪與中國臭豆腐孰美？當今之世，卻有許多美食家哄抬米其林，推許薄酒萊，不斷為讀者定義嗅覺與味覺，好像西班牙海鮮飯一定勝過滷肉飯。要是不隨聲附和，立刻招來傖父之譏。本書中當然少不了一些主觀，但我盡量只就飲食發展的文化背景討論，無須指點品味高下。讀者如能因此認識飲食發展的各種面向，已是善莫大焉。

周惠民

2017 年 11 月於臺北

飲膳佳會
餐桌上的文化史

下篇　飲食系譜

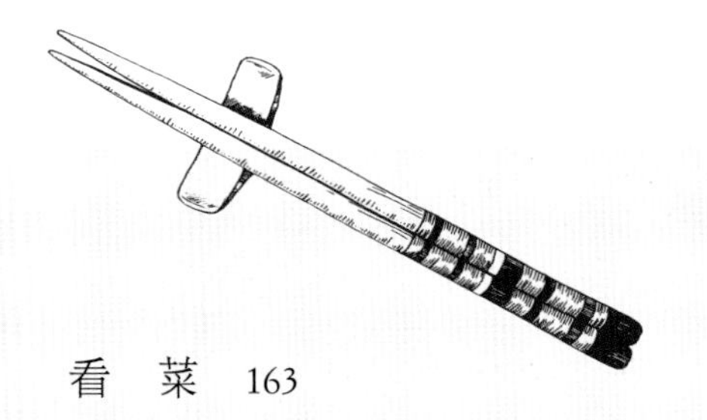

上篇

飲食須知

關於飲食

應該知道的事，

或是闢謠，

或是傳遞知識。

清朝皇帝飲食的民間傳說

這幾年流行清宮劇，從 1644 年皇太極入關到 1912 年宣統退位為止，十個皇帝大概都演全了。大清滅亡迄今也有一百多年，歷史久遠，世人對皇室又一向好奇，許多傳聞不脛而走，但大多荒誕不經，有的還真到了匪夷所思的地步。1987 年，義大利導演貝納多・貝托魯奇 (Bernardo Bertolucci) 拍《末代皇帝》，講述紫禁城中各種事務時，全用西方想像，諸多穿鑿。本來，這種東西不值識者一哂，但對不知情的大眾，卻造成極大影響，甚至影響歷史認識。清宮大戲中有許多滿漢全席，御膳等名目，似乎認定大清朝都是「鐘鳴鼎食」，窮極奢侈之能，也都屬於這種情況，積非成是，影響非淺。

晚清遺老徐珂仿《宋稗類鈔》體例，匯集許多清朝相關傳聞、野史，加上一些私人筆記及報刊資料，按著性質、年代，編撰成《清稗類鈔》，其中也包括許多有關於清代宮廷飲食的記事。例如書中記載：「皇帝三膳，掌於御膳房，聚山珍海錯，書於牌，除遠方珍異之品以時進御外，常品如雞魚羊豚等，每膳皆具，必雙，御膳房主之。」這種說法，與事實相去甚遠。

大清朝繼承中國歷代衙門管理制度的傳統，事無巨細，都要記載。皇帝吃喝，由御膳房管著；生病吃藥，有太醫院照料，無論食單、脈案，都記錄存檔，一有問題，一定可以找到該負責的人。這些清宮檔案保存的仍多，所以二十年前，許多專家前往故宮博物院，

御膳房

希望找到清宮美容養顏的祕方，鬧騰好一陣子，也沒啥發現。管理人員不勝其擾，乾脆將檔案整理，提供學者研究。其中較有趣的是 2001 年，中國第一歷史檔案館編輯、整理並影印出版的《清宮御檔》。2003 年，中國第一歷史檔案館又與承德市文物局合作，編輯《清宮熱河檔案》出版，都有宮廷膳食的紀錄。只要仔細比對，就可以知道大清朝皇帝們一直保持游牧民族的飲饌風格。

大清皇帝經常行圍打獵，也愛吃鹿肉。乾隆四十四年，皇帝率領大隊人馬，在關外哨鹿，一旦有所收穫，通通交御膳房處理。光是六月三日起到六月十八日的半個月中，御膳房使用的食材中，包括了八隻麃、二隻鹿，還有晾鹿肉四十塊、鹿尾五個、肥鹿肉條四十對、細鹿肉條一盤、肉條一百五十把、鹿舌七個。這麼多的鹿肉，雖不是皇帝一個人吃完，但也夠瞧。

〈乾隆皇帝一箭雙鹿圖〉局部

這一年七月間，乾隆駐蹕於承德，每天飲食也都有紀錄，早膳包括燕窩八鮮鴨子、燕窩鍋燒肥雞、炒雞白鴨子燉雜膾、羊肉片、清蒸鴨子糊豬肉攢盤，晚膳計有紅白鴨子、肉丁蓮子酒燉鴨、燕窩肥雞、雞絲、托湯雞、鮮蘑菇燉收湯雞、掛爐鴨子、燒鹿肉、燕窩鴨子八仙湯，另外還有鹿筋、豬肚、羊肉等，幾乎天天如此。得順便一提的是乾隆通常一天兩頓熱飯，加上一頓點心，吃得不比咱們多，可是菜色變化不大，他老人家未必吃膩，讀者可能都要看得膩味。現代人講究的飲食均衡原則，乾隆皇帝一點也沒有遵守，天天吃雞、鴨燉菜之外，根本見不到幾樣青菜，不過照樣也活到八十八歲。可見一個人長壽與否，全靠基因，後天努力，效果可能有限。

乾隆在位期間，多次南巡，其間，偶爾會吃一點南方盛產的河蝦，至於魚蟹等，則根本未見。「聚山珍海錯，書於牌，除遠方珍異之品以時進御外，常品如雞魚羊豚等，每膳皆具，必雙」的說法，真不知從何而來？

《清稗類鈔》也記載：「高宗南巡，至常州，嘗幸天寧寺，進午膳，主僧以素肴進，食而甘之，乃笑語主僧曰，蔬食殊可口，勝鹿脯、熊掌萬萬矣。」這條目中，只有一件事情正確，乾隆下江南時，確曾住在天寧寺。但是所有膳食仍是歸御膳房備製，不可能由寺中方丈準備，也未曾特別吃素。乾隆三十年二月十六日，乾隆途次常州，以天寧寺為行宮。當日晚膳，菜單包括肉片燻燉白菜、燕窩春筍膾五香雞、燕窩爆炒雞、掛爐鴨子、掛爐肉攢盤、象眼棋餅小饅首、雞肉餡包子，其規模與件數，與在宮中時並無差異。皇帝南巡，可是大事，當差人員把安全放第一位，自然就不可能讓天寧寺的香積廚準備素食。皇帝也不會認為「蔬食殊可口」，勝過熊掌萬倍，不過民間言之鑿鑿，似乎江南地區百姓都因為皇上南巡，自以為能近距離觀察皇帝的生活而堅信不移。

御　廚

近代以前，君權獨重，民智也未全開，各文化對統治者多有所迷思，認為君王具有神性，其身體亦不可侵犯，甚至可以比做天，至少是壽與天齊。唐代開始，皇帝生日就有天長節或是萬壽節的說法。至今，日本人仍有天長節慶祝其天皇生日，此之謂歟。君王具有神性，平時也深居簡出，鮮少露面，難免引起「下民」許多想像與附會：君王是不是可以不吃不喝，「朝飲木蘭之墜露兮，夕餐秋菊之落英」？或者皇帝老爺胃納極大，每天得吃三頓「滿漢全席」，冷盤都上了七、八十道了，熱炒還見不到影，似乎一個人一頓飯就能吃掉一頭牛。這幾年流行的清宮戲，就老有這齣。

清宮戲編劇對許多清宮事物，繪聲繪影，極盡穿鑿附會之能事，好似在場親聞親見，尤可笑者，莫過於有關嬪妃與御廚的說法。不僅嬪妃可以穿門過戶，可以為皇上斟酒、布菜，沒事還舉杯一敬，一口一個臣妾；御廚們也是蒸、煮、炒、炸，功夫一樣不少。時下還真有些店家，打著祖傳御廚的招牌，不是宣傳自己如何得到御膳房總管太監的真傳，就是祖上在御膳房當差有年，盡得心法。雖然言之鑿鑿，卻處處啟人疑竇。

滿洲人原本生活在關外，幕天席地，隨遇而安。薩滿教的祭祀禮俗，凡是每到一地紮營，立即設置神位，稱為「堂子祭」，算是「神隨人遷」。祭祀、宴會也都在曠野中舉行，以燔祭為主，祭祀以後的祭肉，散福給與會者，逐漸發展出滿族吃肉的習俗。八、九個人席地而坐，圍成一圈，主人隨時將煮好的豬肉放入銅盤中奉上，各人自備小刀，沾醬佐料，片肉而食，好似梁山氣概。吃飽後，一抹嘴走人，連謝都不必。

滿人入關以後，才發現當皇帝容易，要適應皇宮規矩與都市生活可不簡單。首先，皇宮內院原本是天字第一號衙門，執事人員一直遵循大明朝成祖建都北京以後的成法辦事，御膳房位置放哪，何時供應餐點，如何擺設，都有一定道理，不能全憑一己好惡，隨時勢移轉法度。舉個例子：伙房不能離辦公處所或皇室居所太近，以免氣味、聲音擾亂清靜，還得擔心萬一走火，釀成巨禍。直到今天，北京故宮處處可見鎏金大水缸，就是消防設施。滿洲皇帝要按滿洲老規矩在北京城中舉行燔祭，自然多有不便，湊合了幾年之後，康熙皇帝實在看不下去，在康熙二十三年下令，改「燔炙」為「肴羹」，將祭祀儀式移入室內。就連皇后主持，每天兩次的常祭，每月的月祭，春秋兩季的報祭，也都在坤寧宮中辦理，殺豬獻牲，雖然熱鬧，可也就吃虧在這「熱鬧」之上，不能安生。

鎏金大水缸

紫禁城南北長九百六十一公尺，北面為皇帝內眷的居所，南面從午門進太和門到太和殿，重要朝會在此舉行，太和殿東側，清代在此設置御茶膳房與南三所，算是中央廚房與後勤總部。膳房的伙食，送進各內院時，不免耗些時間，大火熱炒的佳餚，也禁不起這樣折騰，所以清宮膳食，燉煮自然是首選。而且許多皇帝講究節省，康熙皇帝便是個好樣。康熙五十五年天候不正，旱澇相繼，京師已經禁止屠宰，向上天求雨，均沒有結果，五月三日，皇帝乃下令自次日起，宮中每日只進餐一次，以示與民同苦，直到百姓的問題舒緩為止。其實清朝皇帝都不太講究口腹之慾，乾隆在位期間，喜歡到熱河行宮，除了可以避開北京的酷暑以外，也可以輕鬆自在地過幾天悠哉日子，這段期間的飲食，算是較能隨心所欲。根據《清宮熱河檔案》的記載，他經常吃些鍋燒鴨絲、酒燉鴨子、酒燉肘子、蒸肥雞、羊肉片、托湯鴨子、清蒸鴨子、口蘑鍋燒雞燉白菜，實在算不上山珍海味。乾隆皇帝還喜歡打獵，每每獵得獐、鹿之類，多半燒烤，乾隆也能連吃幾天，不覺膩味。

這種飲食習慣，到清末也沒大變化。英法聯軍之際，咸豐帝倉皇出走，一路奔向熱河。1860 年的中秋節就在喀拉河屯行宮用膳，吃的是大炒肉燉雞、薑醋羊肉燉冬瓜、豬肉絲爛疙瘩絲、白煮羊肉，還帶上一碗豬肉絲粉湯。咸豐駕崩以後，由他的弟弟恭親王攝政。兩宮太后特別體恤這位小叔，經常下旨，「賞議政王、軍機大臣等海參江米釀鴨子一大盌、豬肉絲黃燜翅子一大盌、肘絲卷一大盤、豬肉菠菜餡包子一大盤」。這種伙食，哪裡需要米其林的三星級主廚當爐？御廚的最大本事，只是獲得皇室信任，膳食安全無虞。有人再要說是御膳房廚子的嫡傳，不妨看看，清宮是怎麼吃飯的。

御廚的祕密

許多清宮劇中，經常描寫皇帝的御廚如何神奇，御膳房的食物多麼好吃，讓人垂涎之餘，還對御膳充滿想像，也想知道御膳房有哪些祕密？大清朝的「御茶膳房」歸內務府管理，專門給皇帝做飯，其他人檔次不夠，還沒資格吃這些「御膳」，所以御廚手藝如何？只有皇帝知道。當御廚這種差使並不容易，大清朝皇帝都習慣早起，卯時（大約早上五點）就用早膳，那這些御廚得幾點起床？皇帝晚膳多半是未時（下午一點多），用過膳，御廚便可下班，也能得些清閒。另一個好處是大清朝皇帝不請客吃飯，只有「賞飯」，多半是外廚房準備，不歸御廚打理。

清朝乾隆皇帝最喜歡出門旅遊，每年夏天要上熱河避暑，還曾經幾度前往江南，御廚都得跟著當差，下江南時，在揚州天寧寺要備膳，木蘭秋獮時，在圍場的張三營也得備膳，應用的東西不趁手，做飯未必輕鬆。今天遊客到故宮參觀時，肯定知道御膳房的所在位置，當然也見不到御廚「炰鱉膾鯉」的實況。當然，炰鱉膾鯉只是個說法，大清朝的皇帝大概都不吃魚蝦，飯桌上找不到鯉魚或是鱉這類水產。

清宮挺大，要是設個「中央廚房」，菜送到皇上跟前都得是飯冷菜涼，只好多設膳房，提供后妃及小王子用膳，位於養心殿正南的「養心殿御膳房」算是「大內御膳房」，專門為皇帝服務。圓明園、頤和園等還有「園庭膳房」，皇帝在此避暑的時候，開張服務。前面說過，乾隆皇帝每年夏天要到承德避暑，一過端午就出京，路上大約走個十天才能到，如何張羅皇帝一路的飲食，都是內務府的活，皇帝在承德住的時間長些，專門設置「行在御膳房」，御廚也跟著前往當差。

日本制度泰半學自中國，8 世紀初的《大寶律令》，效法中國，也制定各種法律制度、官守職司，還有服飾等級與社會組織的相關規範。其中有個「內膳司」，掌管日皇膳食，大膳職主其事，算是御廚，一千多年來，沒有太大變化。中國的御廚一向低調，都懂得保密，並不招搖。日本的御廚則不然，渡邊誠是昭和和平成兩位日皇的御廚，專長法式料理。1983 年，美國總統雷根訪問日本，日皇出面接待，渡邊誠主理國宴。雷根吃得相當開心，不僅與渡邊誠合影，還簽名留念。渡邊誠四十八歲時便因健康因素退休，不久下世，得年僅五十餘。否則打著御廚的招牌，準能在東京鬧區開一家米其林三顆星的法式餐廳。

西方國家也有御廚，工作條件卻不相同。德國總理官邸的御廚柯爾茲 (Ulrich Kerz) 原本在餐廳掌杓，施羅德 (Gerhard Schröder) 總理要找一位幫廚，柯爾茲應徵此工作，施羅德肯定他手藝不錯，任職迄今，現在是梅克爾總理的廚師長 (Executive Chef)。柯爾茲透露了一些總理官邸的飲食情況：他每週得列出菜單，讓梅克爾總理勾選，有時候，梅克爾也會加上一兩道自己想吃的菜色。德國人早、午飯都簡單，不需要大張旗鼓，晚餐通常在七點開飯，正式一些。總理官邸中偶爾也會有些貴賓，法國前總統歐蘭德 (François Hollande) 就曾經多次到總理官邸用餐。碰到這種時候，主廚就得要忙些。柯爾茲透露，他得打電話到法國，請教總統府廚師長，歐蘭德有哪些飲食忌諱或喜好，方便備餐。

歐洲御廚與大清朝御廚最大的差別之一是辦理國宴。歐盟各國走得近，國家領導經常互訪，留客人吃頓飯也在情理之中。御廚雖有大顯身手的機會，可也得小心翼翼，以免出錯。愛爾蘭原本是大英帝國的屬地，獨立以後，兩國關係偶有齟齬。2011 年，英國女王伊莉莎白二世 (Queen Elizabeth II) 首次官式訪問愛爾蘭共和國時 ，愛爾蘭舉國上下議論紛紛，這時候，愛爾蘭總統府的御廚麥布賴德 (Rosaleen McBride) 也不能掉以輕心。她先打電話到倫敦白金漢宮，找到女王的御廚馬克・弗拉納根 (Mark Flanagan)，打探女王的好惡。弗拉納根洩漏了女王的祕密：不要貝殼類。這一頓國宴自然順利進行。

如果御廚們不先互通聲氣，就難免差池。所以各國御廚還特別成立了一個「御廚俱樂部」(Le Club des Chefs des Chefs)，目前參加的成員有二十多個國家，除了許多歐洲國家之外，還包括了美國、加拿大及中國。他們每年聚會一次，交流訊息，不過有些行規要守，許多事情不能說。例如自己的老闆最喜歡吃什麼菜。想也合理，如果自己老闆到了他國，發現外國廚子做的菜比自己強，那這些御廚還有何顏面？

這倒是難不倒美國的御廚卡莫芙 (Cristeta Pasia Comerford) 女士，她是菲律賓出身的廚師，專攻法式餐點，二十三歲時移民美國，先後在幾個大飯店中擔任廚師，1995 年柯林頓總統時期才進白宮服務，2005 年起才擔任白宮廚師長。有一回，白宮要招待印度總理，不免為菜色費神，這沒有難倒卡莫芙，也讓白宮了解多元飲食文化的重要。

宮廷飲食安全

許多宮廷劇中，都有皇帝或國王大吃大喝的場面，就連孟子這樣的聖人，也不免要批評，在〈盡心下〉中說到：位高權重的「大人」，「食前方丈，侍妾數百人」。萬一有一天孟老夫子得志了，一定不會這麼做（弗為也）。其實這都是些想當然耳的推論，誰也沒有真正見過皇帝吃飯；而孟老夫子的書又是古代人必讀，所以這種說法一直深植人心。所幸這幾年清代的宮中檔案已經公開，大家可以看到，即使像乾隆皇帝處於國家極盛時期，飲食也相當節制，謠言應當止於智者。

有一陣子，各地流行「毛家菜」，大家漸漸了解，現代中國領導人的飲食也相當簡單。蔣介石在世時，有許多關於他飲食奢侈的謠言。其實，蔣介石五十歲上下，齒牙全都動搖，裝上全口假牙，飲食無味，只能吃一些清淡、軟爛的飯食，他一輩子也只喝白開水。許多人都以與他同桌為苦。

統治者並不擔心吃不飽，歷史上記載的皇帝飲食，往往寫出一些特別的飲食習慣，例如晉朝惠帝好吃「肉糜」。東漢的《釋名》卷四中說「糜，煮米使糜爛也」，所以糜就是稀飯。至今，閩南方言仍稱稀飯為糜，真能保留傳統。至於小皇帝好吃一口肉湯燉的稀飯，算是節儉。晉惠帝一生坎坷，碰到八王之亂、五胡亂華等重大變故，又有位「醜而短黑」的王后賈南風，算是集不幸之大成。後人對他的批評雖多，但硬要將晉惠帝形容為窮極奢侈，恐怕仍是受到中國對皇帝飲食傳統刻板印象的影響。

帝王將相不擔心食物不足，卻得擔心食物不安全。古人對付政敵的最簡單、直接的方法便是下毒。古代對毒物的認識雖不少，但法醫學尚未發達，一個人暴卒，不是說成絞腸痧（腹痛如絞的痧症，大概是急性腹膜炎、盲腸炎），便是中毒，尤以腹疾最為常見。古人說下痢為「河魚之疾」，大約是看到魚腹甚容易潰爛，而每有腹痛，不免心懷恐懼，要往這方向聯想。

解決食物安全的最好辦法就是將烹調工作交給親信，飲水也由專人負責。《周禮》記載的王室職官中便有內饔、酒正、酒人、漿人與淩人幾種和天子飲食直接相關的工作人員。內饔負責王及其家人食物的烹調工作，至為重要；酒正率領酒人，管理王室用酒；漿人則負責飲料；淩人是一種較為特殊的工作，冬天時，淩人要到結凍的池塘或河中，切割冰塊，將之運到稱為「淩陰」的地下深洞。淩陰整年溫度可在冰點以下，冰塊不會融化。一到夏天，王室成員便有冰涼消暑的冷飲。

秦始皇帝建立大帝國以後，這些制度也繼續實施。不過皇帝老要指派其親信負責其他與本業相關的重要任務，例如掌管祭祀食物的外饔與內饔逐漸演變成接待各地賓客的典客，後來變成了大鴻臚；內饔變成光祿寺卿。做飯的事，再交給手下，由其監督即可。一變再變，到了大清朝，內務府專門打理皇帝的食衣住行。中國皇帝鮮少有食物中毒的意外，便是這些掌管內務的官員努力不懈的成果，頗值嘉獎。

皇帝雖是鮮少中毒，但皇帝要對付政敵，可沒少讓人中毒。宋代有關這方面的傳說最多，例如李煜、孟昶這兩位亡國之君，都在投降大宋朝後死得不明不白。根據各家指證，大約是中了俗名馬錢子的牽機毒而死。馬錢子有劇毒，死狀類似放鬆的弓或是織布的機梭，才有牽機毒之稱。

西方的統治者也有類似的考量，必須有專人負責飲食，並將安全檢查工作交給親信負責。從羅馬時代開始，宮廷中一直都有一種專門工作：試吃人（英語稱為 food taster，德語稱為 Vorkoster），由奴隸或罪犯先將統治者的飲食都試吃過，希望確保統治者不要中毒。這種試吃工作應當不太辛苦，可是老得冒著生命危險，不免提心吊膽。

酒正、典客這種官職在西方世界也有，埃及、波斯、敘利亞等帝國中，都有酒正 (cup-bearer)，負責的工作與中國酒正無異，後來也逐漸成為方面大員。神聖羅馬帝國時期，為了籠絡地方諸侯，會派給他們重要卻不管事的官位，「酒正」(Mundschenk) 便是一例。波西米亞地處中歐，位置重要，國王為境內封建領主位高層的選侯。皇帝必須多方籠絡，封為「世襲酒正」(Erzmundschenk)，實際上並不掌管皇帝的飲膳業務。政治學上說的：內朝官（皇帝親信）變成外朝官（方面大員）也成了中外定律。

滿漢大餐與炫耀性消費

1977 年 11 月 2、3 日，日本東京放送控股公司旗下的 TBS 電視臺委託香港國賓酒樓（今聯邦酒樓）製作一個「滿漢全席」節目，總共一百零八道菜，花費十萬港幣。酒樓一共動用一百多人，耗時三個月，才算籌備完成。製作過程由 TBS 公司在日本播放，引起極大迴響。但由於許多食材使用受保護動物，這種「滿漢全席」幾乎沒有「正式且公開」亮相的可能。而 1983 年，廣州市舉辦一個「廣州名菜評比展覽會」，也以「滿漢全席」為主題，共分「玉堂宴」、「龍門宴」、「金花宴」、「鹿鳴宴」四個重要宴會，共一百二十八碟菜品，其中名菜六十四碟、名點二十八碟、果品二十八碟、跟菜五碟、單尾三碟。從飲食發展的角度來看，這些活動都是踵事增華，反映現代人對飲食的興趣與期待，未必符合史實。對於滿漢全席的製作單位而言，僅為商業行為，行銷手段，但對消費者而言，此舉滿足了社會大眾對炫耀性消費 (conspicuous consumption) 的期待，也讓具有消費能力者，參與這種炫耀模式，並利用歷史題材，可以將炫耀性消費美化為「文化活動」，合理化其行為。

稻香飲食文化博物館模擬 1977 年香港國賓酒樓滿漢全席場景

炫耀性消費與社會階級

飲食也是一種社會階級與身分的重要表徵，張文瓘素有賢名，為侍中時，得享政事堂供應的伙食，有人希望減供其伙食。張文瓘並不同意，表示：「此食，天子所以重樞機，待賢才也。若不任其職，當自陳乞，以避賢路，不宜減削公膳，以邀虛名。國家所貴，不在於此。」

飲食是身分的表徵，飲食內容也反映身分，許多人乃藉共同飲食，以示籠絡。隋代吏部侍郎高構認為房玄齡、杜如晦兩人將來前途未可限量，乃延入內齋共食，希望「以子孫為託」。

開元五年時，皇帝也下詔：為符合「賓獻之禮」，要重學尊師，興賢進士。希望能讓風俗變美，以成教化。不僅要學生遵守禮節，尊師重道，皇帝表示悟專經之義，篤學史之文。永懷覃思，有足尚者；不示褒崇，孰云獎勸！其諸州鄉貢、明經、進士，見訖宜令引就國子監謁先師，學官為之開講，質問其義。宜令所司優厚設食。

給予厚食表示尊崇，減其膳食，也表示一種懲罰。唐代許多皇帝在天有異象之時，往往以「減膳」表示自我懲罰，也懲罰相關人員。唐太宗自貞觀元年開始，有四次減膳紀錄，貞觀元年十月丁酉，以歲饑減膳；貞觀十三年五月甲寅，以旱避正殿，詔五品以上言事，減膳；貞觀十五年六月己酉，有星孛於太微。丙辰，停封泰山，避正殿，減膳；貞觀十七年六月甲午，以旱避正殿，減膳。

高宗朝則有八次減膳紀錄，以後各朝中大多也實施，例如武則天兩次、中宗三次、睿宗兩次、玄宗五次、代宗一次、德宗一次、禧宗三次、昭宗也有四次紀錄。歷朝皇帝減膳、避正殿記載均與天象有關，天雨、天旱、蝗災都是原因，顯示唐人以天象為警，以減膳自懲成為一種常態。康熙時期，仍有減膳的作法，如康熙五十五年五月初三，皇帝下令：「去年水澇，未得豐收，今歲京師又值大旱，輿論紛紛，今雖禁止屠宰，求雨，朕心不安，深為憂慮，自明日為始，朕宮中訂為每日至進一餐。」

這種飲食行為也表現特定的社會功能，但與炫耀無關。許多富家大族，經常以奇特的消費方式，顯示其身分崇高，財力雄厚，甚至與他人競相比鬥，例如西晉時，王君夫作紫絲布步障碧綾裹四十里，石崇 (249–300) 便要作錦步障五十里。石崇以椒為泥，王君夫便以赤石脂泥壁，互不相讓，均為炫耀性消費的典型。炫耀性消費還具有區隔社會階級的功能，例如：「石崇廁，常有十餘婢侍列，皆麗服藻飾。置甲煎粉、沈香汁之屬，無不畢備。又與新衣著令出，客多羞不能如廁。」

這種生活模式的差異，正是炫耀性消費的重要表現方式。東晉王敦 (266–324) 娶晉武帝司馬炎之女襄城公主為妻，官拜駙馬都尉。他與公主成親之初，居於宮中。如廁時，見廁所中有漆箱，盛裝乾棗，王敦以為宮中廁上亦有飲食之俗，遂食用殆盡。豈知這些乾棗原是用以塞鼻，王敦不了解這種生活方式，引起宮中諸婢的訕笑。

文化與生活方式都是社會階級的重要表徵，而禮節可以是一個重要指標，故俗語有云「樂殊貴賤，禮別尊卑」。古代社會用音樂與禮儀來區隔社會階層與尊卑長幼，也表現出特定社會階級的生活方式。

自古以來，禮節與生活方式便是區別社會階級的重要關鍵。平民加入上層社會，初期難免有扞格之處，必須學習。唐中宗景龍年間（西元 707 年到 709 年間），初入仕時，可以獻食，稱為「燒尾」。舉辦的方式不詳，有謂士人需準備美食，獻給皇帝，稱為「燒尾」，也有記載顯示，士人舉辦宴會，邀請皇帝親臨，稱為「燒尾宴」。中宗神龍年間入仕者便曾舉辦「燒尾宴」，宴請皇帝。此舉應當是平民入仕的一個重要學習階段，譬如鯉魚躍龍門之際，往往退化不完全，將有天火燒其尾，俾其化為龍。入仕之初，舉行「燒尾宴」自有學習禮儀之功能。但燒尾宴之內容，不免有「炫耀」的功能在內。

唐墓壁畫〈宴飲圖〉

富家豪強間的競賽，上層階級特別顯示其身分尊貴，都以較為極端的方式顯現，也頗引起社會負面觀感。《大唐新語・公直第五》記載：「景龍末，蘇瑰拜僕射，獨不獻食。後因侍宴，宗晉卿謂瑰曰：『拜僕射竟不燒尾，豈不喜乎？』中宗默然。瑰奏曰：『臣聞宰相主調陰陽，代天理物。今粒食湧貴，百姓不足，臣見宿衛兵至有三日不得食者。臣愚不稱職，所以不敢燒尾耳。』晉卿無以對。」

說明燒尾宴應當屬於炫耀性消費，所費必然不貲。此所以許多大型炫耀性消費必須以慶典或民俗文化的方式進行，利用慶典的方式表現，可以在既有的體制下運作，不至於太過招搖，又可滿足主其事者消遣及喜慶的需求，更可以藉著這樣活動，達到其炫耀的目的。歷代筆記小說，均有記載。

歐洲文化發展過程中，重要禮節與社交模式多起源於宮廷，引起新興的社會階級學習。德國社會史家艾里亞斯 (Nobert Elias) 在其著作《宮廷社會》中指出，新興社會階級出入宮廷時，必須經過學習，模仿上層社會的舉止行為與談吐，才發展出「宮廷氣息」(Höflichkeit)，這也是德語禮節的概念來源。

中宗時期，曾經參與燒尾宴的韋巨源著有《食譜》一書，記載燒尾宴的內容，現《食譜》雖已散失，但部分菜單仍保留在《清異錄》中。根據《清異錄》之記載，我們仍可以看到燒尾宴的內容，包括飯食點心、菜餚羹湯，還有許多看菜。其飯食點心有巨勝奴（蜜製散子）、婆羅門輕高麵（蒸麵）、貴妃紅（紅酥皮）、漢宮棋（煮印花圓麵片）、長生粥（食療食品）、甜雪（蜜餞麵）等。菜餚則有羊油烹製的通花軟牛腸、光明蝦炙、水煉犢、白龍曜、羊皮花絲、雪嬰兒、仙人臠、小天酥、箸頭春、過門香等菜色。使用的食材包括山珍海味，家畜飛禽，諸如熊、鹿、狸、蝦、蟹、青蛙、鱉、魚、雞、鴨、鵝、鵪鶉、豬、牛、羊、兔等。

炫耀性消費包括食材與做工兩個部分。例如《食譜》中記載的「看菜」，便極盡做工之能事，一道「素蒸音聲部」，用素菜和蒸麵做成七十件歌伎的形狀，華麗、壯觀，但只作為觀賞、裝飾之用，並不取食，也成為日後炫耀性飲食的重要發展方向。

至於各種熊、鹿、狸、蝦、蟹等食材，也因其特殊、希罕，成為貴族飲食的重要內容，平民不得染指。例如鄭靈公食黿羹，引起殺機。西歐地區，也時常有平民不得食用野味的特殊規定。中古以降，西歐地區貴族便以飛禽為日常飲食中的蛋白質主要來源，包括鶴、鷺等。1265 年時，英格蘭萊斯特 (Leicester) 地方的公爵家中，經常食用的動物性食材即包括母雞、閹雞、鵝、鵪鶉、野雞等。14

世紀初，英格蘭國王愛德華一世 (Edward I, 1239–1307) 的宴席上，有天鵝與水鴨等食材。

貴族的飲食，平民階級自然不得享用。為此，奧地利大公利奧波德六世 (Leopold VI, 1176–1230) 曾下令：農夫只能食用肉類、捲心菜、大麥粥。禁止食用野味，齋戒時也只能食用豆類作物，不得食用魚或魚油。這種飲食習慣一直保留到 18 世紀，許多貴族的飲宴中，仍是以野味為主。法國國王路易十四的宮廷中，便多以孔雀等珍禽為食材。

路易十四的飲食

歐洲有一句諺語：「吃的跟法國國王一樣」，這大約也是民眾不了解法國宮廷飲食的內容，一種想當然耳的說法。不僅說明歐洲平民百姓的假設：法國國王御廚烹飪手段必然高明，也說明法國宮廷的炫耀性飲食行為膾炙人口。聖西門公爵 (Duc de Saint-Simon) 經常出現在路易十四 (Louis XIV, 1638–1715) 宮廷之中，他對路易十四的生活有相當多描述，從其記錄中，後世史家可以大約了解路易十四的日常生活，飲食行為尤其清楚。

路易十四的日常膳食中，禽類占相當大的比重，宮廷之中，有專人豢養孔雀、野雞等飛禽，以供國王享用。路易十四每日進食兩次，晨起後僅飲用茶湯，下午一點開始在其臥室中的餐桌進餐，稱為「小食」(le petit couvert)，晚間十點，另進「大食」(le grand couvert)。午餐雖名為小食，內容繁多，分量亦驚人。大約包括：先有四種湯品，次道菜為炙烤雉雞（或松雞、雞、鴨），腹內填有香料及餡料，第三道菜包括羊肉、火腿、水煮蛋；再上一道菜蔬，包括三大份生菜、麵點；飯後尚有水果及果醬。這些食物，路易十四全部食用完畢。路易十四死後，醫生發現其腸胃的尺寸約為常人的兩倍，也是其來有自。

主餐通常為「小食」(au petit couvert)，也就是說：國王自己一個人進食，在臥室中窗前的一張小桌子。食物分量相當充足。通常，他在早上就指定主餐要「小」或是「很小」。但即使是很小，仍包含許多盤子，三道菜，還不算水果。

如果根據這樣的食單，路易十四的飲食雖然量大，但內容並無特別奇怪之處，也難比附為炫耀。就事理而言，法國國王已經是萬人之上，無須向世人誇耀財富，更無需從飲宴方面作文章。但路易十四仍透過各種飲宴，顯示其尊貴不凡之處。其表現方式，在其進食的儀式。

根據記載，路易十四除偶爾與子女同桌以外，並不與他人同食。晚上十點鐘，大食開始。晚餐的場面極為浩大，許多廷臣及婦女或站或坐，隨侍在側。衛隊隊長先請國王就坐，子女都一起入座。路易十四開始用餐，進餐時不太說話，其弟也只能站立一旁，偶爾傳遞手巾。路易十四有時也會命人給他安排一個座位，此屬特殊恩寵，並不常見。

路易十四開席十多分鐘以後，臣下才能紛紛就各人負責事項，向其請示。凡有所請求或希冀恩寵者，均利用此時獻媚。根據聖西門回憶，路易十四用餐時，不僅貴族隨侍在側，身分尊貴的王子或樞機主教同樣侍立在旁。

路易十四飲食之際，雖然獨食，卻開放觀見，形成一種特殊場

凡爾賽宮路易十四用餐的桌子

景，用以展示其政治權力。一個人進餐之際，需有近五百人服務，每道菜上菜時需經過十五名軍官護送，許多僕人一一傳送，飯菜所經之處，所有人員必須行禮致敬，需要飲料時，也有專門官員大聲傳呼，熱鬧非凡。

這種儀式性的炫耀，來自於當時法國的政治現實。路易十四五歲登基為王，但政事全由馬薩林負責，直到二十三歲才能親政，但國內權臣如傅凱 (Nicolas Fouquet, 1615–1680) 等掌握財政，對路易十四有諸多限制。路易十四在位期間，歐洲並不和平；國內有抗議教派與羅馬公教的爭執，國外有「三十年戰爭」。戰爭才結束，法國國內又發生了「投石黨 (fronde) 之亂」，對路易十四影響極大，開始採取集權手段，要確保其政權穩固。路易十四乃借重這樣的炫耀行為，向世人說明其大權在握。

炫耀性消費與慶典活動

炫耀性消費可以用不同的形式表現，除了路易十四利用大規模「觀食」群眾，展示其王室威嚴之外，臣下一樣也可以利用王室，狐假虎威。

1151年（南宋高宗紹興二十一年）冬天，大臣張俊邀請高宗至其宅第用餐，準備的菜餚豐盛異常。這份菜單不僅顯現炫耀性飲食，更將參與宴會的人員，依其等秩，分成五個等級，宰相秦檜享用第一等飲食，菜十味、酒三十瓶；參知政事等官員只能享用第二等飲食，菜仍有十味，但酒減六瓶。到了第五等，菜僅三色，酒一瓶，差異甚大。根據這種等級概念，大概可以得知當時均以分食為主，日後大型飲宴，也多準此原則，並無同桌合食的概念。

明代建國之後，宮廷禮儀也相當繁複，但已經自認省約，去宋甚遠。不過宴席機會仍相當多，如立春、元宵、端午、重陽等節日，均在皇宮附近宴請百官，官員如不克出席，還以「節錢」補償。其他如皇太后聖誕，東宮千秋節等，皇帝都有可能以此為由，賜宴群臣。甚至祀圜丘、方澤、祈穀、朝日夕月、耕耤、經筵日講、東宮講讀等場合，都要賜飯；纂修校勘書籍，開館暨書成，都要賜宴。閣臣九年考滿，則於禮部賜宴，其他九卿侍宴、新進士賜宴等都有。

飲宴之際，禮節也相當繁複。除了一般執事人員之外，錦衣、金吾等衛、教坊司、舞隊都在場，而光祿寺擺設酒亭、膳亭、珍羞醯醢亭。皇太子、諸王及四品以上大臣均可在殿內飲膳，五品以下則在東西廡，參加者眾，耗費亦不小。飲宴之際，進爵九次，進湯、進飯食。皇后宴請命婦時，禮儀類似，由皇妃、皇太子妃、王妃、公主等作陪，酒七行，上食五次，還要進湯。

清代開國以後，崇尚簡約，幾位皇帝力革明代積弊，簡化大宴之禮，宴儀由禮部主辦，光祿寺供置，精膳司部署。我們可以用順治元年大清帝國建國首次設筵宴為例，皇帝升座後，賜百官坐，並賜茶、進酒，俱一跪一叩，即畢。當天順治還下令：「朝賀大典，內監不得沿明制入班行禮。」

以後，飲宴越來越儉省，例如康熙十三年原本罷宴群臣，幾年後才恢復。但康熙二十三年，改燔炙為餚羹，也不使用銀製餐具，改以一般瓷器取代，也視參與者之品秩有不同菜餚，「進餚羹筵席有差」。

康熙在位時，有一年久旱不雨，康熙下令將官米平價賣出，平民還挑剔米的品質，引起康熙的不快，認為漢人一日三餐，晚上還喜歡飲酒，康熙自己卻是一日兩餐，每餐僅吃一個主菜，「食雞則雞，食羊則羊，不食兼味」。這一段故事，離事實不遠，不是康熙自我標榜。即便到了乾隆皇帝，中國國力極盛，滿洲人入關已久，可乾隆還保持滿人的飲食習慣，並不奢華。乾隆南巡到常州時，曾參觀天寧寺，在廟中進午飯，也跟著寺僧吃素，不特別講究。這當然只是偶一為之，皇帝吃飯，還是得要遵守清宮中的規矩。

乾隆飲膳

清代宮廷飲膳有一定的規矩與制度，不會輕易變更，即便皇帝也不能隨意飲膳，許多繁文縟節，仍須遵守。大清朝留下許多檔案，一大部分藏在中國第一歷史檔案館中，包括內務府專門記載皇帝飲食的紀錄《清宮膳檔》與《御茶膳房簿冊》等。乾隆當了六十多年皇帝，留下相當可觀的資料，可以之作為清代宮廷飲食的主要代表。

根據《清史稿・職官志》記載：內務府總管大臣向由滿洲大臣出任，下有許多職司，包括御茶膳房，掌宮中飲食。御膳房主管是尚膳正，尚茶正，幾個人輪流值班。這些人管的事挺寬，皇帝以外，太后皇子、各嬪各妃的一飲一食，都得照顧。在北京宮中規矩尤其大，皇帝都不能逾矩，只有利用行圍、打獵時，鬆弛身心。《清宮熱河檔案》保留了許多乾隆皇帝在避暑山莊活動期間的飲食資料，無論食材、場合、數量及廚師，都有明確紀錄。

乾隆在位期間，經常前往承德，住的時間長短不一，從離開北京，抵達湯山溫泉以後，生活就輕鬆自在，路途中，用餐未必方便，也不講究。行宮中支起一張小折疊桌，便可以吃飯，食物的內容也有限，但乾隆頗能自得。到了承德以後，人員與物件比較整齊，但因為少了約束，用餐地點並不固定。檔案中可以看出，乾隆較常住於煙波致爽樓，每日早起，寅初便要請駕，處理政事，但進早餐的時間不一定，時早時晚；中午則不太吃飯，吃些水果點心；晚膳則在如意洲、含青齋、秀起堂、山近軒等各地。我們可以乾隆四十四年七月二十五日的紀錄為例，當日，卯正三刻（早上七點）用早膳，計有火燻絲爛鴨子等六樣菜，竹節捲小饅首等四樣主食，小菜兩品，另有雞湯一品。午初，果桌一桌，包括餑餑五品、果子十品。到了未初二刻（下午三四點），進晚膳，包括：酒燉鴨子等七樣菜，象眼小饅首等四樣主食，加上小菜兩樣，還有一個麵食，並沒有食前方丈的奢華。乾隆皇帝進食時，太監會根據食物的內容，準備叉子或筷子，也會準備擦手用的手布。皇帝吃飯時，當然是一個人，跟隨皇帝前往熱河的官員也得隨時伺候，乾隆會將膳桌上的食物賞賜近臣；即使是另行製作，也得乾隆先看過，表示皇帝「進」過了，以為賞賜。乾隆如果獵到鹿，會留下一盤鹿尾巴肉，其餘做成肉乾肉脯，賞給王公大臣。收到御賜鹿肉的，無不感激涕零，北向謝恩。

乾隆的點心也相當簡單，大約每餐十盤左右，這些上桌的點心，也未必能夠食用多少，多用為賞賜。當時隨行的官員，如為近臣，往往也能獲得免費膳食。

熱河行宮之中的賞賜飯食，依品秩及官職不同，而有不同等級的菜飯，如一等、二等屬於較高等級，一個人一桌或是兩個人一桌，單獨用餐，進餐時也一律使用大碗，菜色相當簡單，分量則足夠，並佐以酒。

清代君主歷來提倡儉樸，王公大臣也頗知其詳，《清稗類鈔》記載清聖祖曾表示：「漢人一日三餐，夜又飲酒，朕一日兩餐，當年出師塞外，日食一餐，今十四阿哥領兵在外亦然。」又表示：「朕每食僅一味，如食雞則雞，食羊則羊，不食兼味，餘以賞人。七十老人，不可食鹽醬鹹物，夜不可食飯，遇晚則寢，燈下不可看書。朕行之久而有益也。」

兩段文字，均說明其儉省與不重口腹之慾。清高宗亦是如此，南巡時，經過常州，特地前往天寧寺。進午膳時，僧人也以素餚進奉，高宗頗覺美味，笑語僧曰：「蔬食殊可口，勝鹿脯、熊掌萬萬矣。」

清室飲食雖然並不特別講究，但也用各種方式區分階級，例如餐具便十分講究。皇帝使用黃色，固為定規，但皇帝也不是隨時都使用黃色大碗。遇如節慶飲食時，菜餚之上會有特別裝飾，如：燕窩「萬」字金銀鴨塊、燕窩「壽」字紅白鴨絲、燕窩「無」字三鮮鴨絲、燕窩「疆」字口蘑肥雞。使用的食器也有些不同，檔案中特別載明其容器包括江黃碗、紅潮水碗、八仙碗、五福琺瑯碗、八吉祥盤等。

至於皇子、嬪妃，日常則使用青花大碗，遇有生日等慶典時，可以使用「霽紅色」的容器，增加一些喜慶的熱鬧氣氛。

清　康熙　青花碗

清　雍正　霽紅白裡大碗

乾隆平時飲食並不講究，以折疊桌擺設，即可飲食，桌面不大，自然不可能「食前方丈」。但是遇到重要慶典，必須與家人同樂，則會有不同的擺設。乾隆五十三年八月十三日，為慶祝中秋，熱河行宮準備戲班，並擺設宴席，內容相當繁複，顯現出炫耀性飲食的重要特徵包括：大宴用金龍大宴桌一張，鋪上黃緞繡金龍鑲寶石，桌上陳設九路（列）的看盤，稱為「高擺」，計有頭路為松棚果罩，花瓶，中空點心高頭五品，放在掐絲琺瑯盤中，飾以「萬、萬、壽、無、疆」五字，另有點心高頭盤足。第二路為高頭九品，第三路為圓肩高頭九品，計十八品，用掐絲琺瑯盤，飾以「萬壽無疆、萬萬壽無疆」字樣。四路為填漆看盒二副，兩邊替蘇糕鮑螺玉露霜四品，用掐絲琺瑯碗飾以「萬壽無疆」字樣。五、六、七、八各路均為膳十品，此四十品俱用銅胎掐絲琺瑯碗盛裝，飾以「萬萬壽無疆」字樣。

清　鍍金裡銅胎琺瑯萬壽無疆大碗

此時，皇帝部分家人可以參與，同食，但並非同桌，而是在兩旁另外擺設，如乾隆五十三年中秋慶典中，東邊有穎妃，單獨享用頭等桌宴一桌，循嬪、祿貴人兩人同坐，享用二等桌宴一桌。西邊則為惇妃與十公主，同坐，享用頭等桌宴一桌，林貴人與明貴人則共同享用二等桌宴一桌。

滿漢大餐

部分滿人入關以前，生活已經與漢人差異不大，入關之後，生活方式逐漸改變，但飲食方式改變較小，一直保持食用大量肉品的習慣，乾隆經常獵鹿，除留下部分獵物之外，多製成肉乾，賞賜其近臣。宮中檔案中經常有謝恩奏摺。乾隆日常飯菜，也多以燉菜為主，不外乎鴨子燉白菜、羊肉燉蘿蔔之類，並無特別神奇之處，唯一與平民較為不同者，為使用許多燕窩。遇有節慶，也只以刀工刻花的方式，排出字形，例如萬字燕窩、壽字鴨絲、無字燉菜、疆字燉肉等，組成「萬壽無疆」的吉祥話語，並無特殊之處。但描述清宮的連續劇大行其道，戲中經常會有描述皇帝吃飯的情節，引起許多人對帝王生活的憧憬、想像，坊間也有御廚、仿膳等不同的說法，還有自稱御廚的後代，沒事開班授徒，把自己講得活靈活現。實際上，清宮飲膳規矩甚多，食物內容也相當簡單，並非民間流傳這般。

首先，對「滿」一詞的使用，並非恰當。清代自稱「滿洲話」為「國語」、滿洲式的飲食為「國食」、滿洲人的服裝為「國服」，而不稱「滿語」、「滿食」或「滿服」。滿人入關以後，飲食方式與漢人逐漸趨同，僅有一些特色飲食，還保存少數民族的名稱與內容，例如額思克森（蒙古族飲食）、他他士、孫泥額芬白糕、塞勒肝肚抓、羊西爾佔（羊肉粥）、塞勒卷（脊骨麵食）之類，但差異多限於名稱與食材，並無其他特別之處。乾隆五十三年五月，乾隆自北京出發，前往熱河，其路上飲食內容包括：五月二十四日，煮全豬一口，五月二十七日腿羊一隻，五月二十八日到六月初六日，每餐都有一路獵獲的麃子或是鹿肉。節慶時亦不例外，如七月七日乞巧時，午膳包括燕窩扁豆鍋燒鴨絲、酒燉鴨子、酒燉肘子、燕窩肥雞絲、羊肉片、托湯鴨子、清蒸鴨子燒麃肉攢盤、糊豬肉攢盤，均以肉類為主，烹調方式則為燒、燉、清蒸，晚膳也大同小異，如辣汁魚、燕窩雞糕鍋燒雞、豬肉丸子清蒸鴨、炒雞白鴨子燉雜膾、羊他他士、鹿筋鹿肉條、炒雞蛋、蒸肥鴨燒麃肉攢盤、掛爐鴨子攢盤。從飲食的內容看來，滿人飲食的方式，鮮明呈現。乾隆三十年，衍聖公夫人去世，乾隆派人致祭，孔府也以「滿席」接待。如有漢人官員或專程前往孔府，或路過山東，孔府經常接待，並記錄相關飲食。目前所見，除滿席之外，還有漢席、中席、上席、南席、北席等記載，除呈現飲食內容外，並多將費用載明，大約為工作人員備忘之用。實際上，滿席與漢席除食材之外，差別並不大。滿席一詞，也非普遍使用。

滿席與漢席之出現

清末時期，因為滿漢界線漸泯，消費活動又增加，開始出現一些炫耀性的消費行為，而「滿漢全席」便是企圖利用「全席」為號召，吸引消費者。此風逐漸演變，形成社會的誤解，將商業促銷行為誤解為古代生活之實況。當然，其中也有研究者將片斷資料記述擴大解釋為常態的問題，都是造成今日社會大眾對「滿漢全席」誤解的原因。

史籍或資料中的描述經常有針對性目的，亦含炫耀心理，凡是不「特殊、異常」之事，往往不予記錄，逐漸演變成踵事增華的情況。

皇帝也得餓飯

自古，中國的政治理論便主張天子「受命於天」，代理上天統治天下；西方的政治理論到了 17 世紀以後才出現類似的「朕即國家」主張。有人主張受命於天，就有人要提出如何反制或限制的方法，所以孟子先有「聞誅一夫紂矣，未聞弒君也」的說法，這種「革命民權」的說法，西方也是到了 17 世紀以後才逐漸闡明。

如果天子是受命於天，總得要給老百姓一點證據，否則不就是信口開河？要怎麼找證據，倒是不難。天子既是上天之子，那麼上天的想法作法，天子不是該最清楚？農業社會中，天子的重要責任之一便是頒行曆法。秦代以前，就有各種曆法，告訴百姓何時下種，何時收成，做任何事都要以「不違農時」為首要考量，這樣才能夠「穀不可勝食」。秦始皇頒行顓頊曆，用了百餘年，至漢武帝時才重新修訂，改頒太初曆，此後歷朝歷代均要隨時勘定，以確保曆法正確，對天象異常，也能有所解釋。

曆法若是出錯，天時不正，表示天子不能上體天心，百姓不安倒是小事，也許還得出大事。《春秋》記載：昭公三年時，天降大雨和冰雹，天象示警，但是昭公並未注意，結果季氏專權，把昭公給放逐了。漢代蕭望之評道：「向使魯君察於天變，宜無此害」，認為只有能察天變者，才能平安無災。這種觀念一直影響中國的政治思想。皇帝要頒布曆法、察天變，便是上體天心，造福萬民的表現。

如果天時不正，百姓遭殃，那皇帝該負起怎樣的責任？

東晉成帝司馬衍 (321–342) 年幼即位，一生困苦，剛當上皇帝就遇上權臣蘇峻造反，遭叛軍劫持。亂平後，政務被舅舅庾亮把持，恣行誅殺。成帝說：「舅言人作賊，便殺之。人言舅作賊，復若何？」把庾亮給嚇了一跳。成帝生不逢時，卻因此通曉人事。他在位十多年間，經常旱澇成災，乃思以身作則，節糧度荒，所以下詔減膳，咸和九年（334 年）六月，朝廷發生兩件大事，重臣陶侃死，又遇上大旱，成帝乃下詔「撤膳，省刑，恤孤寡，貶費節用」，向上天表示這個天之子已經察覺天變，自我懲罰，希望老天原諒。估計減膳時間不會太長，只要下一點雨，表示老天知道天子悔改，御廚就照樣供餐。事後，成帝希望改運，把年號改成咸康，沒想到兩年後（咸康二年，336 年）三月，又發生大旱，只好繼續詔太官減膳。效果不見得如何，倒是減膳的規矩留了下來。

以後的皇帝們，如果發生旱澇，不可收拾，就下詔減膳，平撫百姓。唐高宗時也發生旱災，高宗表示：國以人為本，以食為天，百姓不足，君孰與足？自認為因為「政道未凝，仁風猶缺，致令九年無備，四氣有乖，遂使去秋霖滯，便即罄竭」。因此皇帝必須自我懲罰，「令所司，常進之食，三分減二」。只是不知道原本的御膳分量有多少，不要減了三分之二，仍是綽綽有餘，達不到減膳的效果。因此除了減膳，還得有其他配套的懲罰，例如撤懸、避殿。撤懸是把宮中的樂器撤掉，避殿則是搬到小一點的居處，向皇天老子表示悔過。宋神宗趙頊一輩子讓大臣瞎整，難怪諡號神宗。他在位期間，官員奏報，正旦將有日蝕，皇帝認定天象示警，趕緊下詔要避殿、減膳，百官也不用入朝賀年。徽宗時，也有因為日蝕而避殿減膳之舉，還大赦天下，但是仍無法避免被俘的命運。南宋孝宗淳熙十四年（1187 年）六月，天下久旱，皇帝想方設法求雨，先是大赦，又到佛寺祈禱，皆無效；到了七月中，只好下詔避殿、減膳、撤樂。詩人楊萬里寫詩記載此事，說：「夏旱焚如復入秋，聖皇避殿減瓊羞。數峰北峙雲垂合，一陣西風雨又休。」一直拖到七月底，才下了點雨。八月分，天雨，孝宗還特別要舉行「謝雨」儀式，謝謝皇天給面子，天子才能祈雨得雨。

少數民族到了中國建立王朝，也得要學學漢人治天下之法。大金朝的章宗泰和四年（1204 年），山東、河北各地大旱，章宗也下詔自責，一樣是避正殿、減膳、撤樂，外加少騎馬遊樂，就希望老天早點下雨，讓百姓安生。

一直到大清朝，皇帝仍沿用一遇旱澇就得減膳的作法。清聖祖康熙五十五年（1716 年），因為大旱，糧食供應不足，皇帝下詔：「自明日為始、朕於宮中、每日止進膳一次。先人而憂、後人而樂。庶可感召天和也。」康熙特別聲明：並不傳諭眾人如此。可是第二天，就有大臣奏報某處得雨，如何如何。康熙皇帝也是明白人，知道官員要勸他恢復膳食。指示：求雨斷不可止，必處處沾足，方可停止。根據記載，從四月二十二日祈雨，連日微雨。五月初三，天才降大雨，雨水漸足，皇帝才下令停止祈雨，五月十二日起，恢復供餐，照常進膳。這一餓，大概餓了二十天，也算是有誠意的。

烹小鮮與治大國

飲食是人類維持生命，保持活力的必要條件，儘管文化不同，對飲食的重視卻是古今同，中外同。現代世界有「地球村」的概念，人際交流頻繁，移民、旅遊促進文化間認識，各國對中國飲食並不陌生，但是對中國飲食背後隱藏的許多哲學觀念，卻不見得清楚，舉一個例子來說，中國政治哲學與飲食密切相關，就是一種極高的境界。

西方學者甚早就提出機械論 (mechanism) 來解釋宇宙發展，認為自然就像是一部機器，它的功能都是自動的，自然界的一切現象可以根據機械原理解釋；機械論也否定「終極原因」(final cause)，認為所有作為不一定都要追求目的，凡事以少動為宜。這種政治態度，就與老子的政治哲學若合符節。

老子說：「治大國若烹小鮮」，將政治比做烹調。燒魚的時候，只須等待火候，味道自然鮮美，不應當沒事翻攪、攙和，反倒把一條魚搗鼓得不像魚。這種儘量減少人為干預，順其自然的態度，用到烹調自然沒錯，用到治國，一樣清楚明白。可是歷史上許多主政者沒事變法，瞎折騰。蘇東坡在〈豬肉頌〉也把這種「主靜」的烹調方式講得清楚明白：「淨洗鐺，少著水，柴頭罨煙焰不起。待他自熟莫催他，火候足時他自美。」用燒紅不再冒煙的木柴慢慢燉煮密封瓦罐中的豬肉，等到柴火燒完，火候一足，味道自然鮮美，呼應了老子的說法。

秦漢帝國建立以前，這種烹調的態度一直都反映中國的哲學與禮法。《禮記・樂記》提到「故樂之隆，非極音也；食饗之禮，非致味也」，「大饗之禮，尚玄酒而俎腥魚，大羹不和，有遺味者矣」。最好聽的音樂，並不是和弦繁複、伴奏熱鬧的那一種；祭祀的時候，擺設山珍海味，未必就是最美的味道。如果祭祀者誠心，最隆重的祭品就是用清水、新鮮生魚擺供；而最好的羹湯，味道自然，根本不需要調味。《禮記》的說法，也印證了古聖先王在制定禮樂之際，並不是要「極口腹、耳目之欲也」，而是希望感於物而動，這種類似機械論的看法，與西方哲學互相輝映。

食物要真的完全不調味，是否好吃？大羹真要不和，鬼神享用時也許不抱怨，可是人總要點「味道」。烹調包括兩件事：烹與調。烹是把食物弄得可吃，調是要把食物弄得好吃。春秋時期，調味還是有點講究。

《尚書・說命》記載商王武丁對宰相傅說有所期許：「若作酒醴，爾惟麴蘖；若作和羹，爾惟鹽梅。」要釀酒，宰相該就是酒麴；要給羹湯調味，宰相就是添加鹹味與鮮味的鹽與梅。吃羹湯的時候，的確不需太多調味，加點醋、放點鹽，就能滋味無窮。

道法自然的政治作為隨著帝國體制的建立而逐漸消失，但是這種精神卻一直都在。開元二十六年（738 年）正月，孟浩然在〈和張丞相（九齡）春朝對雪〉詩中就說：「不覩豐年瑞，焉知燮理才。撒鹽如可擬，願糝和羹梅。」這首詩有點阿諛，用了和羹鹽梅的典故，讚美張九齡能燮理陰陽，才會有瑞雪豐年，但私下還是希望「體合自然」，不要庸人自擾。

古代的調味料，實在是相當有限，鹽梅調味之外，當時也有發酵而成的醋，稱為醯。《說文》解釋醯為「酸也」，《廣韻》說醯是「酢味」。古人吃肉就蘸些醋，簡單地保持原味，所以古人「大羹不和」，落實在日常生活之中。比較原始的生活方式中，烹調都儘量簡單，許多牧民在野外烹飪，鹽是唯一的調味料；一般吃涮羊肉火鍋時，只要店主對所售的羊肉品質有自信，鍋底都只是清水，也許讀者可以把這當成選擇餐廳的標準。

《世說新語》記載 3 世紀時的陸機與王武子一段對話，最足以說明調味概念。王武子喜歡羊奶製成的酪，吳郡（今蘇州）陸機造訪王武子時，王武子指著羊酪問陸機：「卿江東何以敵此？」陸機認為千里湖的蓴菜製羹，還不用下鹽粒或豆豉，味道已是至美。不免要想：要加上鹽豉，那味道能有多好？

光用水煮，可以帶出食物的味道，德國菜中有一種「藍煮法」(Blaukochen)，正是充分運用這種技法。廚子先在鍋子裡燉水，水開後加鹽，滴上幾滴醋，置入淡水魚如鱒魚、鱖魚或鰻魚，煮熟起鍋，放入盤中，此時魚皮會泛著淡藍色澤，故稱為「藍煮法」，使用的調味料也只有鹽與醋。藍煮法有兩個重要關鍵：食材新鮮，不要攪動。吃藍煮魚時，也僅搭配水煮馬鈴薯，簡單，味美。儘管有些人還喜歡淋上熱牛油，撒些炒黃的杏仁片，都只是踵事增華，未必能增添魚的鮮美。

炒飯並非起於隋代

1980年，負笈德國，在德國西南邊黑森林腳下一個大學城念書。當時「全球化」還是一種想像，每個人還是各過各的。對德國人而言，不論是中國還是日本都一樣遙遠，唯一的差別是：中國食物好吃；日本生冷的生魚片，還沒有幾個德國人能夠欣賞。城中心有家百貨公司，門口擺著一個小攤，販售「中國飯」(China Reis)，看起來像是炒飯，但米飯用薑黃染成淡黃色，上頭還撒上葡萄乾、香芹，怎麼樣也看不出與咱家的蛋炒飯有何關係。後來學問漸長，才知道這玩意兒比較像是中亞的燉飯。店家只不過借用中國的名目，忽悠顧客。一到用餐時間，倒也有人願意掏錢嘗嘗。當時心想，只要咱不上當，也沒有必要像偏執狂一樣，要求店家正名，這不是炒飯。

一講到炒飯，不免都會聯想揚州炒飯、蛋炒飯，直接認定炒飯就是中國餐飲中的重要代表之一。翻查書刊或網路，各種有關炒飯的討論有多少？有人還能追本溯源，為揚州炒飯尋根，與隋代的大臣楊素連結。說楊素好「碎金飯」，進而附會隋煬帝三幸揚州，碎金飯遂搖身一變，成了揚州炒飯。碎金飯一詞見於謝楓所寫的《食經》，不過這本書已經散佚，只留下碎金飯的名稱，卻沒有製作手法，更無法斷定是否真是「炒飯」？還是中亞傳入的「燉飯」？

無論是炒飯還是燉飯，稻米都是重要元素。距今一萬年前，中國已經掌握稻作技術，後來稻米西傳，經過中亞，傳入南歐與非洲，成了許多地方的主食。其中較普遍的作法是：熱油淺鍋炒洋蔥丁，加羊肉小塊、胡蘿蔔，再將大米倒入鍋中，慢慢加水，鋪上羊肉，小火燉熟，調味，拌勻，即可上桌，多稱為 pilaf。這個詞借自希臘語 pilafi 及土耳其語 pilav，起源則是波斯語 polow。隨著鄂圖曼帝國的國勢強大，土耳其燉飯傳播各地。到了歐洲，燉飯名稱稍有改變，西班牙作法以海鮮為主，稱為 paella，原來是拉丁文 patella，指的是烹調用的寬口淺鍋。義大利燉飯因米 (risotto) 而得名，一般配料有蘑菇、肉品或海鮮等，一概稱為燉飯 (risotto)。德國人也接收這種作法，且以蘑菇燉飯 (Pilzrisotto) 最著，與義大利燉飯真是系出同門。

燉飯也曾經傳入中國，14 世紀時，元朝太醫忽思慧寫的《飲膳正要》中，不僅記載其製法，還說明其效用。例如「馬思吉湯」有補益、溫中、順氣之效，將羊腿熬煮後切成小塊，加上桂皮、鹽等調味料，拌入回回豆子與香粳米，燉熟後再加芫荽葉即成。「沙乞某兒湯」作法類似，只是多加一味沙乞某兒。沙乞某兒是中亞語言 salgam 的音譯，中文稱為蕪菁，俗名大頭菜。烹調時，用羊肉、回回豆、蕪菁與香粳米為材料，工序與馬思吉湯類似，還是燉飯。「八兒不湯」的作法則與北非的著名菜餚庫斯庫斯 (couscous) 燉飯雷同，把羊腿、回回豆子、蘿蔔一同燉煮，再加上薑黃、芫荽、胡椒調味後，澆在粳米飯上吃，因為薑黃將米飯染成金黃色，色香味俱全。北非馬格里布地區的柏柏爾人不用米，把粗麥粉製成的庫斯庫斯蒸熟後，澆上胡蘿蔔燉羊肉湯即可，算是北非版的八兒不湯飯。

從《飲膳正要》的記載看來，燉飯很早就進入中國，但因用許多野味、羊肉等食材，與中國烹調方式也有差別，一直未見流行。

中國一向是大家庭同炊共爨，為節省時間與柴火，都是在大灶上架大鍋（鼎鑊），所以烹飪以熬、蒸為主，架上幾層蒸籠，可以同時烹製多種菜餚，但是想要翻動鍋具並不容易。即使日常所食的米也以蒸為主，春秋戰國時期盛行的「甑」就是蒸飯的工具。蒸熟的米飯加上肉醬汁，就成了大餐，也是「八珍」的基本樣式。也可以將稻米直接下鍋，與湯汁同煮，原本稱「糝」，後來也稱為糜或粥。現代中文中的炒的概念出現較晚，《說文解字》等古代字書上沒有「炒」字。到了宋代，《集韻》中才收錄「炒」，解釋為「熬」也，與今日的快炒並不相同。

炒如何解釋成熬？要說明倒也不難，《飲膳正要》中有一味炒野狼湯，其作法是：將野狼肉卸成塊，加上草果、胡椒、薑黃等熬成湯，加上蔥、醬、鹽、醋一同調和即成。此處所說的炒，就是熬，充分印證《集韻》對「炒」的解釋，也說明元代以前，中國從烹飪技術或用語看來，都沒有炒飯這個概念。

明清以後，華南地區城鎮商業發達，也出現許多專供飯食的餐館，廚師將剩餘的米飯加上配料調味，炒成一鍋，供臨時出現的客人食用，誰曰不宜。如果一定要把碎金飯說成是現代的炒飯，恐怕還需要斟酌。楊素原籍陝西，身處中亞游牧民族大量進入中國之際，見到的「胡食」不在少數，碎金飯應當以中亞傳來的「燉飯」較為可能。

長安酒家胡

一般人的歷史認知中，一向把唐代視為一個開放、活潑的時代。歷史學家有「唐型文化」的說法，指出大唐盛世時期，許多異族在中國安居樂業，共享和平。還有人引李白的〈少年行〉詩：「落花踏盡遊何處，笑入胡姬酒肆中」，想像唐代長安城中，酒肆林立，碧眼高鼻的胡姬，穿梭顧客之間，促銷各種美酒，就跟今天北京三里屯，上海新天地的風情一樣；還幻想自己是「五陵年少金市東，銀鞍白馬度春風」的主人翁。這些詩句讓人誤以為「胡姬酒肆」是唐代風情的代表，卻忘了碧眼高鼻的胡姬早就在中國大城市中當壚賣酒，閱盡人間辛酸。

從商代開始，北方游牧部落便開始接觸定居的農業民族，不斷戰爭之外，文化上也相濡以沫，互相影響。《漢書》記載：周幽王時，「申侯與畎戎共攻，殺幽王於麗山之下，畎戎居於涇、渭之間，侵暴中國」。到秦穆公時，西戎八國臣服於秦，漸漸遷徙到山西、陝西、河北一帶，從此，血統與文化不斷融合。漢初，中國與匈奴的衝突轉為激烈，征戰不已，各有勝負。戰敗者不是被殺，便成俘虜。例如「衛青將六將軍，十餘萬騎，出定襄數百里，擊匈奴，得首虜，前後萬九千餘級，而漢亦亡兩將軍，三千餘騎」，殺敵後砍頭回家報功，稱為「級」，所以這一萬九千餘匈奴人的計算單位成了「級」；如果遭生擒活捉，則稱為「人」，衛青出上谷，至龍城，便曾得胡首虜七百人。除了打仗之外，匈奴如果發生動亂，有人自願進入漢朝地界，稱為「內附」。例如「昆邪王殺休屠王，並將其眾降漢，凡四萬餘人」。

從《漢書》記載來看，漢代進入中國的匈奴人數不少。他們不以農業為生，大多數人願意居於城市，當時工業並不發達，服務業也有限，只能開個小店，賣賣吃食營生，所幸大城中一直都需要餐飲，卓文君與司馬相如就曾經在四川開館子，當壚賣酒，而長安城中，用胡姬美女作為號召的酒館，更不在少數。

西元前 200 年左右，詩人辛延年寫過一首〈羽林郎〉，專講胡姬的故事，流傳甚廣。「胡姬年十五，春日獨當壚。長裾連理帶，廣袖合歡襦。頭上藍田玉，耳後大秦珠。兩鬟何窈窕，一世良所無」，因為貌美，引起不良少年的注意，「就我求清酒，絲繩提玉壺。就我求珍肴，金盤膾鯉魚。貽我青銅鏡，結我紅羅裾」。不過這位胡姬已經結親，表明「男兒愛後婦，女子重前夫。人生有新舊，貴賤不相逾」。

漢代的胡姬並非特例，只是一般人討論得少。到了唐代，大批西域商人到中國，經商定居，許多城市還出現「蕃坊」，來自中亞的穆斯林定居其間，還建教堂，置教長。甚至還有自己的司法審判，處理蕃坊居民事務。這些蕃坊中，少不了要有人經營餐飲業，解決胡商或當地居民的飲食問題，酒店中除了供應酒水，還有許多「胡食」，例如胡餅、胡盤肉食。店家為了廣為招徠，頗有聘用胡姬賣酒者。

西域商人與駱駝唐三彩

廣州懷聖寺始建於唐代，是中國現存最早的清真寺。圖為 1860 年費利斯・比特拍攝

胡餅是以燒烤而成，與今日新疆、中亞乃至印度的饢類似，大家都明白。至於胡盤肉食，也以燒烤而成，特點是使用中亞傳入的香料調味。當時西域傳來的香料種類甚多，又以胡椒、蒔蘿子與蔗糖最為重要。蒔蘿子就是茴香，原產於地中海沿岸，細針狀的葉子有清香味，西方人拿來調味魚料理，也拌入生菜中；進入中國，華北各地喜歡包茴香餃子，味道特殊。蒔蘿種子味道辛辣，晒乾後也是重要香料，燉煮牛、羊肉，唐代的胡盤肉食，就是用小茴香子調味燒烤而成。另有一種小茴香，也稱孜然，大約也在這時進入中國，新疆燒烤，小茴香是重要的調味料。賀朝生於 8 世紀，大約與李白同時，他的〈贈酒店胡姬〉詩提到：「玉盤初膾鯉，金鼎正烹羊。」點出酒家的特色菜。

除了胡食之外，當然也要有水果釀造的「胡酒」，例如「三勒漿」便是用三種不同的水果釀製而成。李肇生於西元 9 世紀，著有《唐國史補》，書中記載「三勒漿，類酒，法出波斯」。中國釀酒多以穀物為之，初次接觸西方的水果酒，味道甜美，不免好奇，寫下許多詩句，「葡萄美酒夜光杯」就是這種水果酒的代表。

胡姬酒家有美酒，有胡食，還有胡姬，自然吸引顧客上門。李白具有中亞血統，特好此道，留下許多歌詠胡姬的詩。例如〈送裴十八圖南歸嵩山〉詩說：「何處可為別，長安青綺門。胡姬招素手，延客醉金樽。」〈前有樽酒行〉說：「胡姬貌如花，當壚笑春風。笑春風，舞羅衣，君今不醉將安歸？」

李白詩名滿天下，後人多半效法，於是大家都「胡姬酒肆」，不論真假。宋代陸游〈夢行益昌道中有賦〉說「酒舍胡姬歌折柳」。益昌在今天的四川廣元，未必有胡姬，可是一旦有了酒店，要是不寫胡姬，恐怕說服不了讀者。明代詩人也是依樣畫葫蘆，16 世紀末的詩人曹子念就寫下「醉就胡姬壚畔宿」的句子，好像只要有酒店，必須就得有胡姬當壚，至於有沒有胡盤肉食，倒沒有那麼重要。

手抓食物

近年來，西式食物當道，不是肯德基，就是披薩餅，還有印度抓餅，土耳其烤肉夾饃。只見大家伸出祿山之爪，咬緊牙根，用手輔助，撕裂食物，好一似人類老祖先荒野中的狩獵行動。人類經過千百年的演化，飲食多半使用餐具，儘量減少手與食物接觸，倒不見得是出於衛生考慮，而是怕燙，避免湯汁淋漓。是否使用餐具，還取決於食物的製作與表現方式。飲食禮節是人類文明演化的重要表徵之一，有些人原本大口喝酒，大塊吃肉，一旦躋身上流社會，吃飯就得斯文一些，《禮記》所訓示的所有飲食禮節，與今日實在沒有差別，但是有關餐具的幾種說法，值得注意，例如吃穀類粒狀主食（飯黍），包括黍、稷、稻、粱、白黍、黃粱、稰、穛，不要用筷子扒著吃（毋以箸）。如果不用筷子，該用啥？學者大概有兩種不同的解釋，其一，當然是用手抓，就好像印度人一樣。古人席地而坐，進食也不用桌子，觀察印度人的作法，推論中國古代也用手抓飯，頗為合理。但是同一段文字中又規定：「羹之有菜者用梜，其無菜者不用梜。」梜應當是類似現代人的公筷，盛湯時，如果湯中有菜料者，不要用撈，用公筷挾，比較禮貌。這問題又來了，羹是燙的，如果不用梜，如何取用？自然得使湯匙、調羹。吃黍時，不也該用杓子？中國古代上流社會就有這些講究。

羊肉夾饃

但是庶民階級，就沒有這種規矩，無論吃肉夾饃或是煎餅果子，吃香蕉或是橘子，一般人不會使用餐具，一定用手抓著吃。中國人這樣，西方人也是這樣，吃漢堡、炸雞塊或薯條，一樣不會有人用餐具，這類食品，特別稱為「手指食物」(finger food)。

其實歐洲人吃東西向來用手，伊拉斯莫斯 (Erasmus von Rotterdam) 是 15 世紀末重要學者，對神學與哲學有深刻研究，也誨人不倦，一向受人尊敬。他寫過一本 *De civilitate morum puerilium*，大概是西歐地區第一本討論青少年教養問題的專論。這本書原本是要教育勃根地公爵的繼承人，教導這位十一歲的小少爺如何舉止得宜，如何表現其教養。因為書中所言，均是當時青年人應有的禮節，頗受重視，流傳頗廣。書中也討論各種餐桌禮節，列舉各種行為規範，可以了解當時的生活狀況。有趣的是，書中從未提到使用叉子吃飯，多半用手抓食。當時的食物種類並不多，烹飪方式也相當簡單，無需使用刀叉。的確，人類飲食之際，多半視食物的內容決定使用何種餐具。希臘哲學家戴奧奇尼斯 (Diogenes of Sinope) 生活於距今兩千五百年前，一生主張簡樸度日，生活在木桶之中，身無長物，只有一件斗篷、一支棍子和一個麵包袋。據說他原本還有一個裝水的缽，看見有人雙手自河中掬水而飲，就把缽也給扔掉。顯然，這位哲學家吃東西時，完全不需要餐具，手指食物，絕非浪得虛名。

斯文赫定 (Sven Anders Hedin) 是瑞典著名的探險者，除了以文字記載各種地理、地形之外，也攝影、旅行、寫作。19 世紀末期，他穿過中亞大草原，前來中國。在中亞旅行時，曾經與當地牧民共同行動了一段時間。在其遊記中，他記錄中亞牧民的生活，描述一種牧民的食物：五指湯。這種名為湯的食物，用豆類、肉類與澱粉同煮至濃稠為止，擱涼之後，可以用手抓食，故稱為五指湯，連餐具都省了。這也非特例，范仲淹吃粥，大約也是這樣。宋人記載，范仲淹年少時家貧，借僧舍讀書，每天煮一鍋粥，放涼後凝結，再以刀劃為四塊，早晚各取兩塊，拿用鹽醃過的野菜下粥，如是者三年。不知范仲淹是使用筷子，還是拿杓？總之，這種粥應當是濃稠一點的粥，或者應當稱饘才是。饘者，厚粥也，也就是餬，放涼了結塊，用手抓著吃自無不可。不過國人習慣用筷子，並不存在使用何種餐具的困擾。這一點，還真是中西文化重要的差別。

中國自古以來，都以用餐具進食為合乎禮節，講究衛生的表現。司馬遷寫鴻門宴時，一方面要表現肅殺氣氛，也要說樊噲器宇非凡，特別描寫他如何消受項羽給的小豬前腿（彘肩）：放盾牌上用劍「切而啖之」。啖字用得妙，噍也，用牙齒大口咬。一般人為表現教養，都用餐具。劉備受制於曹操，兩人在府裡「青梅煮酒」，府裡喝酒，只有一盤青梅，一樽煮酒，劉備聽到曹操說「天下英雄，唯使君與操爾」，能把匙箸掉在地上，難道連吃青梅都用調羹、筷子？

18 世紀以後，歐洲宮廷社會也開始用刀叉吃飯，不過，經常還要露出本性，用「祿山之爪」。君不見，西方許多酒會中，都不提供餐具，拿一個盤子，已經算是文明。各種食物都切成小塊，不帶湯汁，隨取隨食。許多人還伺機放進包裡，兜回家與孩子分享。

現代人越來越不講究，又開始以手抓食，便利商店中販售的食品，多半以手抓食即可，方便則方便矣，少了點講究，少了點樂趣。

要不要講究餐具？

古人說：「工欲善其事，必先利其器。」吃飯是不是一件重要的「工作」？該不該講究食器？全世界人類對這件事恐怕都沒有定論，因為這事牽涉「階級意識」與「教養」。階級意識容易解釋，反正肉食者一直都受批評，寫出「肉食者鄙」的人，自己少不了也是個肉食者，少不了也是鐘鳴鼎食，這鼎可就是一種貴重的餐具。講到教養，如何把吃豆腐整治成吃龍髓鳳肝，恐怕除了借重餐具之外，還得有點氣氛，這點後頭再說。

古代人不太講究餐具，鴻門宴中，項羽要人給樊噲上卮酒，上生豬前腿（生彘肩）。樊噲先把酒喝了，把盾牌放地上，生豬腿放盾牌上，拿起佩劍，切了就吃。這拔劍、切肉，是何等豪壯。樊噲本是「屠狗之輩」，手起刀落，如行雲流水。可是有些人手拙，就如法國人所說「長了兩隻左手」，要他們當場切肉，有適當的工具，可能已經有困難，如果餐刀鈍如鉛刀，恐怕只能看著樊噲大啖。

餐具的材質千變萬化，從木頭、竹器到金銀、犀角都有，價格也自然有別。中國雖然是瓷器的發源地，鈞窯、汝窯等官窯，都燒出許多神品、逸品，但是聽到「官窯」，就可以想見，豈是一般閒雜人等用得起的？17 世紀，歐洲各國君主都寶愛中國瓷器，有一件兩件，趕緊放架上展示，哪裡捨得使用。至於中外平民百姓的餐具，仍以陶器為主。莊子讀書識字，在當時可算是中產階級，但家裡用的也是陶盆、木筷，沒事敲敲打打，不放心上，破了不心疼。乾隆爺日常吃飯，使的也只是普通官窯青花大碗，過年過節，才換上高級瓷器。20 世紀中葉以前，德國的中上人家，星期日上完教堂，吃一頓像樣的午飯，為表達虔敬肅穆之心，這才拿出與日常不同的「週日瓷器」(Sonntagsgeschirr)，以示區別。

清　乾隆　青花番蓮八寶萬壽無疆碗

除了瓷器以外，金、銀也是優良材質，中國官宦人家喜歡用銀製餐具。武松血濺鴛鴦樓之後，還把桌上的銀酒器皿踏扁，揣在懷裡，便於典當、賣錢。法國小說《悲慘世界》中，男主角尚萬強在主教家中受到親切款待，臨走卻偷了主教家中價值不菲的銀製餐具。歐洲人羨慕一個人出身高尚，總說這人「含著金湯匙出世」，都是這個道理。這些使用貴重材質餐具的人，隱約也知道不甚合適，總要避諱著點。《儒林外史》說范進中舉後，湯知縣請他吃飯，用銀鑲杯箸。范進因為母喪，不肯使用，以免逾矩。主人換了瓷杯、象牙筷，仍是不依；得要換成竹筷子，范進才肯用餐。

近代以後，瓷器可以大量生產，刀叉等也換成不鏽鋼材質，不分貧賤，大家都使得起。但是，許多根深柢固的習慣，仍然左右著一般人的用餐習慣 。 有誰聽說在倫敦街頭吃炸魚加薯條 (fish and chips) 用刀叉 ？ 有誰聽說在臺北早餐店中買了一套燒餅油條還拿筷子？不過歐洲人還是有些講究，喝什麼飲料，該使怎樣的杯子，一點都不能亂，喝紅酒不能拿啤酒杯，喝咖啡不能拿威士忌杯，否則叫做「破壞品味」(Stilbruch)，就算是 Banause。這個德語源自於希臘語，意思是「火爐邊工作的人」，轉成對「不懂藝術者」的稱呼，英語直接就說這人是「農民」，充滿了階級成見。只不過是沒把餐具用對，就背上這麼大的罵名。

這種破壞品味的事在咱們這倒是司空見慣，許多人為圖方便，不管喝啥，都使用免洗餐具。臺北街頭熱炒店林立，三兩個人，叫幾道菜，便喝將起來。只見喝白蘭地用塑膠杯，喝啤酒用塑膠杯，就連喝熱茶也用塑膠杯；喝完之後，全當垃圾，連洗都不用洗，多麼省事？更有甚者，夜市中賣蚵仔煎的，先拿一個美耐皿盤子，套上塑膠袋，把剛起鍋的蚵仔煎就往上放，在客人面前一擺，客人也毫不遲疑，拿起桌上的竹製免洗筷，揭掉塑膠套，風捲殘雲，三分鐘以後，結帳走人。店家把塑膠袋、竹筷子丟入垃圾筒中，盤子套上下一個塑膠袋，繼續營生。這種食物，就算是易牙再世，親自烹調，都不會有半顆米其林的星星。

說到米其林，許多人不免犯酸，認為米其林不過是個賣輪胎的，又有什麼資格對大廚的手藝品頭論足？其實大家忽略了一件事：米其林講究的，不只是廚師的手藝，而是整體用餐環境。東西好不好吃，沒一個準：同樣的東坡肉，張三喜歡軟爛帶甜，李四寧可要彈牙少糖，有誰能說誰的對？不過用餐時能桌椅乾淨，木筷瓷盤，跑堂輕聲細語，以客為尊，用餐者也不以為花錢的就是大爺，這種餐廳就能加分；要是講究餐具，環境清幽，用餐時不受鄰桌干擾，您說好是不好？

什麼時候該吃飯？

人類因為社會發展的進程不同，對自然環境與天候的感受不一，對時間的概念也不同。遠古人類，大概只有冷熱四時與日出日落的概念。生活的動力來自追求食物與繁衍後代，從採集、漁獵到農耕，都是為了同一個目的。農業發展以後，春耕秋收成了大事，灌溉施肥主導生活的時序。計算時間的方式比較複雜，一天可以分成晝、夜，晝又可分成晨、晌、晡等時段。工商開展之後，「日中為市，致天下之民，聚天下之貨」，百業對時間的感受不同，不能再以日出日落為時間劃分依據，必須人工劃分時段，才有子丑寅卯的出現。這種時間的規劃，原本只應當做參考，飢則食，睏則眠，生物本能才是最準確的依據。

飢食渴飲固然是遵循自然法則，確切飲食時間，卻該有個適當協調，否則一家人各吃各的，一國之人也各有作息時間，必然亂套，所以世界各地都漸漸發展出固定的生活秩序。能不能吃飯，還取決於糧食供應是否充足，甚至還得發展出一套說詞，說明飲食的適當時機。介之推燒死於綿山的故事便是一例，《荊楚歲時記》註釋中說：「介子推為火所焚，國人哀之，每歲暮春，為不舉火，謂之禁煙」，這幾天不能生火造飯，僅造餳大麥粥，稱為「寒食」。從實際面看，秧苗尚青，舊糧將盡，正是青黃不接時期，不生火而吃冰涼的大麥粥，有神道設教之意，讓大家忍飢挨餓得理直氣壯。到了唐宋時期，寒食活動仍受重視，詩詞之中，每有「寒食東風燕子斜」、「梨花榆火催寒食」等的詩句。到了春陽上升之後，也有吃五辛盤的活動，晉代《風土記》說：「元日造五辛盤」，可以發五臟氣，辟厲氣，以迎接新春，潛臺詞則是鼓勵大家多吃立春以後能找到的青菜，節省糧食。

即使糧食充足，也應當節省，所以學佛之人有「過午不食」的說法，不僅可以節糧，還可以養生。殊不知，中國古人原本一天就只能吃到兩餐。農家學說主張「賢者與民並耕而食，饔飧而治」，饔飧就是一天的兩頓熱飯，早餐為饔，夕食曰飧。這種一天兩餐的習慣，初起之時，可能因為食物不足，也可能一個人一天兩餐熱食已經足夠。

古代諺語，常有鼓勵人少吃的說法，例如「一粥一飯，當思來處不易」，「夜飯少一口，活到九十九」。的確，許多人營養過剩，造成心血管的負擔，甚至引發疾病，如果真能少吃一點，一定有助於健康。

吃飯說話

孔夫子教導人「食不語」，對後世造成極大影響，知識分子都認為吃飯時不可以說話，許多世家子弟陪著長輩吃飯，都汗流浹背，生怕他老子又搬出孔老夫子的訓導。到如今，時代算是翻了個，可是中國人吃飯時還是不說話，只不過動機不同。現實生活場景中：兒子一邊吃飯，一邊盯著電視機，老子想問問學校裡有哪些正經事，不料妨礙兒子看連續劇。光翻白眼算是孝順的，指不定要拿出孔老夫子的訓導，讓老子別招人嫌。

根據個人研究，孔夫子說「食不語」應當是要人不可以邊咀嚼，邊說話，這與古代食物較粗有關。現代人都吃細糧，五十年前，逢年過節能吃得上洋白麵算是種幸福，每天吃玉米粉算是天經地義。可別忘了，打從偃師二里頭文化開始，咱的老祖宗都吃粗糧，又粗、又硬，還沒啥油水，咀嚼起來，真得費點事；同時要張口說話，恐有不便，所以孔子叫人咀嚼時不要說話。有史為證：有人求見周公，當時老人家正吃著午飯，口中食物一時間無法吞嚥，只好吐回碗裡，趕緊見客，引起時人稱讚，稱之為「周公吐哺，天下歸心」，可見當時食物有多粗。現代人想像三國人物顧曲周郎與小喬的故事，都畫成俊美的瓜子臉，其實大謬，這些人都得用力咀嚼食物，下顎肯定發達，也難怪古人一向以「國字臉」為美，現實使然也。

古人吃飯時，也有邊吃邊聊的，不過多以喝酒的場景為主。《世說新語》裡有這麼個故事：王戎造訪阮籍，這時阮籍還有個客人劉公榮在坐。阮籍很喜歡王戎，將珍藏的兩斗美酒拿出來，與王戎同歡，特別聲明，沒你劉公榮啥事。劉也不以為意，繼續跟阮、王二人「言語談戲」，直到兩人把這二斗酒都喝完，並無不悅，修養算是出色的。

吃飯喝酒時，還可以討論學術，王羲之與朋友在會稽山北面的蘭亭相約吃飯，流觴曲水，大夥「一觴一詠，暢敘幽情」。李白更是約了幾個兄弟，在桃李園中，高談闊論，還得作詩，酒興大過詩興，詩沒寫成，還得罰酒。都說明古人喝酒時候可以高談闊論。

中國文人相會討論學問，西方學者一塊用餐，一樣是種學習的機會。德國哲學家康德應當是最能利用吃飯時間學習的人。這個人在歐洲哲學史上的成就，還真沒得比，他去世兩百多年以來，歐陸重要哲學著作，仍是圍繞他創造的議題，與他對話。他的學識淵博，不僅限於哲學，還包括自然地理、數學、力學、工程學、倫理學、自然科學、物理學。康德這個人有點戀家，一輩子沒有離開過家鄉柯尼斯貝格，他對世界卻不陌生，許多知識都是從餐桌上得來。根據研究，康德生活非常規律，作息固定，但十分重視用餐時刻，每天都會邀請不同學者一塊用餐，他也立下規矩，用餐時不得討論哲學話題。不同賓客帶來各種新知，也成就了他的淵博，不必行萬里路，便可知道許多地理、天文，甚至成為研究的材料。

餐桌上除了作詩，討論學問，還可以練嘴皮子。愛爾蘭人個個能說善道，出過四位諾貝爾文學獎得主，也有文豪王爾德、喬伊斯；義大利也出過六位諾貝爾文學獎得主和眾多學者，觀其原因，與熱鬧的餐桌不無關係。愛爾蘭篤信羅馬公教，至今仍是反對離婚，反對避孕，一戶人家中有五六個孩子，算是常態。孩子們成天在餐桌上敘述一整天發生了啥事，大家七嘴八舌，有事不但得快點說，還

Emil Dörstling 繪〈康德和他的同伴〉(Kant und seine Tischgenossen)

得搶著說，要不然就沒了「話語權」，所以愛爾蘭人打小練就一身說故事的本事。義大利也同樣是羅馬公教地區，孩子們一邊說話，一邊還有手勢，表情生動，頗具戲劇張力。有社會學者用「廚房文化」來形容這種文學與表演的天賦。有人要說，中國也有許多大家庭，為何就沒有發展出這種餐桌敘事的本事，別忘了，咱們都籠罩在孔老夫子的訓導之下，都得「食不語」，而許多父親打孩子小時候開始，就愛端出父親的架子，讓孩子少說多聽。再有天分，也都給扼殺了。

舉了這麼些吃飯說話的好處，讀者也許認為我一定喜歡吃飯時說話，倒也未必，這其中還有個教養問題。有幾位同事，大概從小沒注意，吃飯時嘴巴張著老大，不僅巴喳巴喳的，還可以見到他嘴裡的食物。聽了不舒服，看了也讓人倒胃口。每回要跟他們吃飯，心裡就犯嘀咕，就連正眼都不敢瞧一下，哪有閒情逸致聊天？

餐桌禮儀

小時候，父母老是教導我們，坐有坐相，吃有吃相，不要壞了規矩。說實話，當時還真不知道啥是吃相，但是被訓練得不單是喝湯不能有聲音，吃飯不可以挑肥撿瘦，就連如何拿筷子都依著大人認可的規矩。年紀稍長，讀了《禮記》，才從古人書中有新體會。《禮記》大概是戰國時期儒家學者有關禮儀的概念，經歷戰亂後，已有失傳之虞。漢初劉向首先整理、傳講，接著儒者戴德、戴聖兩伯姪重新編纂，除了解釋各種規章制度，也揭示個人行為與禮儀，是漢代以來儒者必讀的重要經典。其中，〈曲禮〉篇交代生活規範，尤其對進食之道，提示了各種「不可」，稱為「十四毋」，例如：毋吒食（吃飯時不要發出呼嗤呼嗤聲）、毋囓骨（不要啃骨頭）、毋反魚肉（不可將拿到的魚肉放回盤子）、毋投與狗骨（吃飯時不可以把吃剩的骨頭丟給狗吃）、毋固獲（不要老挾同一盤菜）。回想幼時父母教導的不也正是這一回事兒？足見《禮記》的教誨深入人心，成為一般人生活準則。

當然有人要說：許多人從不講究吃相，日子不也過得挺好？的確，原始人類整天忙碌，好不容易找點食物，哪顧得及招呼眾人，趕緊先送進五臟廟，誰在乎吃相？孟老夫子大概看了家裡牲口護食的怪相，聯想人們用餐情景，才說「人之異於禽獸者幾希」的話，原本大約是種感嘆，後來才悟出人與禽獸差別何在的道理，解決了人類文明進化的一個重要課題。

古人生活不易，沒有閒情逸致講究如何吃喝，總要等到生活改善以後，才能注意到該有講究，甚至以禮節作為社會地位的表徵。兩千多年前，中國大致已經走到這個地步，所以學者要提醒大夥注意用餐禮儀。歐洲則直到 14 世紀才有類似的「訓導」。伊拉斯莫斯 (Erasmus von Rotterdam) 是文藝復興時期的重要思想家、人文學者，甚關心青少年的教育。在《有關兒童禮節的手冊》(*A Handbook on Manners for Children*) 中，他特別提醒孩子們要注意飲食禮節，例如：「就食擤涕，桌布拭口，以吾所見，皆喪規矩」、「已嚙之骨，復入公盤，人雖為之，此舉實惡」。可見中古歐洲人，只要不拿桌布擦嘴，吃飯時不擤鼻涕，吃過的骨頭不丟回盤中，已經算是相當有教養。不過「就食俯身及盤，呼嗤呼嗤有聲，更兼咂嘴叭叭，此人與豬無異」這種景況，至今在許多地方仍可見到。《禮記》與伊拉斯莫斯的講法頗有共通之處，說明人類的某些行為表現與人們對這些行為表現的期待，真是古今同，中外亦同。

伊拉斯莫斯是文藝復興時期的重要思想家、人文學者

14 世紀以後，歐洲商業發展，商人攢了錢，自然想跟上風尚，模仿貴族，甚至希望表現得比貴族更有教養，才能進入宮廷，獲得晉升機會。不過「教養」只是一種想像，誰說宮廷之中就比較講究禮節？研究法國國王路易十四時，很容易發現這個人還真「粗」得

可以。不過，國王粗，稱為率真，底下人如法炮製，可就不合適。在宮廷行走之人，自然而然發展出一套行為範式，稱為禮節(courtesy)。有錢人增加，生活改善後，飲宴自然頻繁，大家同桌共食之際，原本不需要注意的事，忽然成了件「事」，於是大夥一起複製宮廷人員的行為舉止，成為共同的禮儀規範 (etiquette)。etiquette原本是小條籤，放在宮廷大廳地上，提醒每個人的位置，逐漸引申成「禮儀」之義。就像現在開會、進餐，主事者往往放上名牌，算是禮儀初步。接著還有一整套如何用餐的規矩，且別說喝湯不能有聲，吃飯不可以嚙骨，就連如何擺放桌巾、如何使用餐具，都有講究。

這一套都學全以後，還得學習如何有禮貌：適度讚美主人精心安排，不可以隨便插嘴，更要懂得適時找些話題，以免冷落某些人。西方人認為吃飯時不可埋頭苦幹，一定要聊天、討論，要不然這頓飯算是白忙，完全與孔老夫子「食不語」的訓誨相違。

飲食規範中，還包括了服裝，晚禮服、大禮服都有一定準則。除了女士禮服的質料有共通標準外，男士的服裝還包括一雙上好真皮皮鞋，當然，蘇格蘭男士可以穿著蘇格蘭裙 (kilt)，日本人也可以著和服，只有中國人反而不正視傳統服裝，凡事都跟著洋規矩走。有幾回，有人邀請出席正式場合，請帖上還註明該穿啥 (dress code)，所謂正式服裝，只有西式一種：燕尾服，紮束腰帶。非要把自己弄得像個餐廳跑堂，才叫餐桌禮節？索性把請帖一丟，回也不回，憑啥吃頓飯還得受這些不自在？小攤上弄碗麵，切兩小菜，難道不比沙拉冷盤要強？

在家千日好，出門時時難

西元前 47 年，大名鼎鼎的凱撒人在安那托利亞地區，他不是前往觀光，而是行軍作戰。他隨後發往羅馬的捷報中，有這麼一句流傳千古的名句「我到，我見，我勝」(Veni, vidi, vici.)。這幾年，拜經濟發達，生活富裕之賜，國際旅遊發達，只見觀光客在各地走馬觀花，手機與相機雙管齊下，但來去都是一陣風。觀光客還有一個重要任務，購買紀念品、奢侈品。給七舅老爺、九姑奶奶買點紀念品，人情之常；給家裡的老父親買雙鞋，老娘買個包，表現孝道，都是分所當為。不過說起來，咱們的觀光客雖不是行軍打仗，可也夠辛苦，我們可以把凱撒的這句話改成：「我吃，我買，我拍照」，算是貼切。國外旅遊花錢，顯示國家經濟發達，拍照也留個日後的念想，都是好事。只是飲食這項，還真有點複雜。

絕大多數人也許喜歡新鮮事物，出國採買，便是要能顯示自己品味卓越，與眾不同，任何稀奇古怪的東西，都能上身，從太陽眼鏡到鑽石項鍊，越能與眾不同就越有興趣；可是提到吃這一項，可就相對保守，不僅吃的內容保守，就連取用、進食的方式都遵循古法，不能隨意更動，以免留下「違背祖訓」的罵名。君不見：西方人到了中國旅遊，得吃飯店中的西式自助餐，使的是刀、叉、杯、盤，吃的是生菜、牛排，喝的是咖啡、紅茶，外帶冰淇淋、水果當飯後甜食。歐巴馬到了杭州，您讓他試試東坡肉、西湖醋魚都可以，可是得要處理成西餐樣式，叫他拿雙筷子，從面前盤子裡把東坡肉整到嘴裡，可不是要了他命嗎？也好像咱們的觀光客到了巴黎，要他到香榭麗舍大道排隊買名牌包包，面有喜色，但要讓他午飯吃一份韃靼牛肉，能讓給愁死。所以導遊一定要把全團觀光客帶到拉丁區的中國餐館，保證笑逐顏開。萬一找不著中國館子，那怕一人一碗泡麵，大家也不會有意見，就是別讓吃生菜沙拉加上半生不熟的牛排。

早年不論是青棒少棒，球隊平常訓練時，大家都生龍活虎，一旦出國比賽，可就個個成了病貓，考其原因，就是沒有吃飽，一方面生菜、牛排非我所願，另一方面，泡麵雞蛋根本不足以維持應有體力，如何比賽？大家現在都注意這個問題，所以奧運會場館中，各種餐廳，提供不同宗教信仰與生活習慣者適當的飲食已經是普世價值。

對許多人而言，即便出門在外，不僅食物得要熟悉，就連進食的方式，也得遵循古禮。有一陣子，美國人對日本文化有相當興趣，也試著吃點日本壽司、拉麵。許多日本商人見獵心喜，紛紛前進美國，找到臨街店面，雖是寸土寸金，也忍痛付租金，指望能夠駿業大發，日進斗金，三個月回本。沒想到拉麵店一開張，儘管店外頭大排長龍，人聲鼎沸，可是就是賺不了錢。原來，美國人深受其文化制約，喝湯不能有聲音，一碗拉麵，可得一根根的慢慢挑著吃，再拿起湯勺，一口口的舀，規矩是有，可就耽誤人家買賣。這日本店家也不能告訴美國顧客，吃拉麵就得吸吮麵條，喝湯時還得有點肺活量，你們美國人一定可以做得到的。從這裡，就可以看出中國人的智慧，歐美地區的中餐館子中，您可看到有人願意賣蘭州拉麵？

有人想推廣北京炸醬麵？沒有人傻到這份上，說明當年肯定有人吃過虧。

中國人也有這種遵循古禮的精神，到了西式的自助餐館中，每個人張羅個盤子後，一個箭步上前，把想吃的、想試的食物，一股腦望盤子裡放，不對，應當說，往盤子上堆，只見個個都捧著山丘也似的盤，小心翼翼回座，就好像表演雜耍特技功夫，可得小心不要在坐定之前發生山難。接著當然就是暴風雨般的無情攻擊，要把盤子裡的各種食物，從生菜沙拉到冰淇淋，一起消滅。然後再發動另一波攻擊，否則怎能回本？日本有種「放題餐廳」，也是自助式，儘管吃，但有時間限制，比如說付個兩千日圓，可以吃一個半小時，這種時候，您再怎麼吃也還來得及；一般館子並不限制用餐時間，您慢慢取用，一次一兩樣，不僅優雅，還不浪費食物，可惜許多顧客不懂得這個道理，老還記著祖輩在黃巢造反時的逃難景象，擔心沒了下頓。

從茵斯布魯克說起

奧地利西部山巒起伏，許多小溪在山谷中匯流成河，茵河 (Inn) 畔有條專供行旅過道的橋，逐漸吸引商人到此交易，形成市集，就叫茵河上的橋 (Innsbruck)，因為風景秀麗，吸引許多觀光客，連奧地利的王室也在此建築一座宮殿，常常到此避暑。一到冬天，還可以滑雪。1964 年和 1976 年，冬季奧林匹克運動會兩度在此舉行，到了今天，仍是遊人如織。

奧地利茵斯布魯克的茵河畔

1980 年代初期，臺灣經濟已經起飛，許多人經濟條件改善，吃喝已畢，不免想要出國旅遊，應了經濟學者的三段論：經濟起飛之後，第一階段先要滿足口腹之慾，餐飲業首先興起。第二階段則是購買非必須之物，百貨業跟著興盛。第三階段則是旅遊觀光，行有餘力者，不免要出國觀光，增廣見聞，政府也適時的開放觀光。許多人考慮時間與語言文化因素，先前往日本、香港等地，然後到美國。最後，前往歐洲的旅遊團也逐漸增加。

1981 年暑假，我在茵斯布魯克一家著名的中國餐館裡打工，過著端茶倒水，解釋什麼是宮保雞丁，什麼是松鼠黃魚的跑堂生涯。中國飯館喜歡雇用留學生，一方面留學生沒有語言障礙，另一方面省掉許多社會保險等額外支出，所以留學生找餐館工，並不困難。我雖在德國念書，可想到茵斯布魯克是歷史名城，也願意前往一試，順便觀光。

一日，我正跟著一對美國老夫婦閒聊，表現咱們的禮節，也希望客人有賓至如歸之感，也許一會結帳時小費從寬。就在此時，只見一輛遊覽車停在店門口，二、三十名亞洲面孔的觀光客進入店中用午餐，他們一開口，咱們就知道鄉親來了。這群人從義大利北上，要前往慕尼黑，只在茵斯布魯克吃個中飯。店主已經司空見慣，把這團人讓到裡面的包廂，與外界隔絕。裡間的包廂已經排定妥當，客人一入座，便可以上湯上菜，即刻用餐。登時只見風捲殘雲，不到二十分鐘，結束用餐，抹嘴走人，趕往下一個行程。這位美國老先生也給驚嚇得說不出話來，心神稍定之後，才對我評論：「他們一定很餓。」我原就瞠目結舌，此時又教這句話給說得無言以對。沒錯，我們想想，一早起床趕車。到了中午用餐，難道不能坐下來好好喝杯茶，吃頓飯，休息一會再上路？

二十年後，這幕景象又在我面前重演，只是場景換成巴黎，我不再是跑堂，只是一個冷眼觀察的過客。一群來自北京的觀光客進入這家飯店的餐廳用早餐，不到五分鐘，能把原來修道院般的寧靜轉換成露天市場般的吵雜，叫喚孩子的、罵老公的、找熱水瓶的，還有人因為昨天沒有下決心買下一只鑽錶而後悔不已。幸虧這種熱鬧只延續二十分鐘，一切又歸於平靜。二十分鐘，大概是旅遊團用餐的標準時間。

二十分鐘也有個重要前提：大家是拿筷子或拿手吃飯，不是拿著刀叉吃牛排。一百年前，中國開始有留學生出國念書，當時學生主要前往歐洲，到了巴黎、柏林、倫敦，都會有同學會接待，協助這些初來乍到的社會菁英。同學會也要辦理講座，解釋各地生活守則，第一件事，就是要介紹大家如何使用西方餐具吃飯。不過始終有人抗拒，認為這不是飲食之道，錢鍾書寫《圍城》時，有意無意地描寫用刀叉吃飯的狀況，例如一位頗為洋氣的張小姐批評方鴻漸的吃相不佳，全不像在外國住過：「喝湯的時候，把麵包去蘸。吃鐵排雞，不用刀叉，把手拈了雞腿起來咬。」

的確，刀叉並不好使，即便是歐洲人，也有用刀叉吃飯比拿鐵鎚打鐵還難的情況。有一年，與幾位學者一起到了法國南部里昂訪問，當地圖書館正辦理中法友誼回顧展，展出有許多 1930 年代拍攝的相片。只見一些相片顯示里昂中國學生生活狀況，證實了中國人捍衛文化的猜想：這些學生都在一家中國館子包伙，每天定時前往，坐滿一桌，便可開飯，大家拿起碗，用筷子扒拉米飯，估計吃一頓飯也只要二十分鐘。

中國俗語說：「狼行千里吃肉」，有多層意義。從生物學上解釋，狼不是草食性動物，非吃肉不可；從社會學角度看，這句話說的是有能力的人，到哪兒都能顯本事，有飯吃。要從文化角度觀察，就是中國人到哪兒都得吃中國食物，各地的華埠、唐人街不就是最好的說明？

①墨爾本唐人街　②舊金山唐人街

生機飲食

現代人飽食之餘，要想活得久些，活得健康些，就得講究養生，避免老病相侵。生機飲食也因此逐漸成為一種社會議題，君不見：各地都有現代陶淵明，採菊東籬，種豆南山。現代人打算從事有機栽培並不簡單，先決條件當然是不施無機化學肥料，不噴灑殺蟲劑。這些陶淵明們先找塊地，改造土質，除去化學影響，接著開始栽種。眼見著開花結果，仍得防著蟲、蛾為害。收成之際，看到的雖然盡是些其貌不揚的果子，皺巴巴的蔬菜，也算是辛苦一場，沒有白忙。

記得當年在德國時，有位嫁給德國化學家的日本朋友送了我幾條胡蘿蔔，人家是誠心誠意，特別聲明，在先生指導下，未噴農藥，我也敬謹接受，心存感激。這些胡蘿蔔不僅扮相差，味道也不見得強到哪兒去；不過吃起來覺得挺好，頓時覺得可以多活十年。

1980 年代起，德國吹起養生風，不僅生病時要吃草藥，穿衣服要未染整過的原棉，就連吃點東西都要找「生機小店」(Bioladen) 或是「改造小屋」(Reformhaus)。這些店裡販售的東西五花八門，從肥皂、橄欖油到蔬菜水果和豆腐，共同的特徵就是貴。儘管有機番茄比起荷蘭溫室栽培的牛番茄就像是東施碰上西施，可是一樣值大價錢。小資階級趨之若鶩，個個都像是 1930 年代碰到通貨膨脹時的白領階級，想趕緊把手上的錢花掉，以免東西一會兒就要漲錢。

當然，也有人假有機之名，行斂財之實。我認識一個經營養雞場的農戶，標榜他的雞是「放山雞」，日本人稱之為「地雞」，英文則叫做 free-range chickens 。平常販售的雞蛋當然也是價格較高的「放山雞蛋」。每到復活節、耶誕節等節日，洋人喜歡烤蛋糕、做些點心，都要使用雞蛋。他的農場供應不上，就買些普通雞蛋重新包裝，當做高價的養生雞蛋販售。買的人以為買到健康，他則大發利市。雖然是各得其所，可也讓我從此對「有機作物」、「生機飲食」充滿懷疑。

我老這麼想：1830 年代人工合成尿素以前，誰也沒有聽過化學肥料，所有作物都是「有機栽培」。17 世紀中葉，西班牙籍的教士閔明我在中國傳教時，將他的見聞寫成書。後人取菁擷要，編輯成一本《閔明我行記》。書中記載：中國農民不定時的給稻子和菜蔬噴灑摻和人糞的尿，他從歐洲經驗看來，覺得相當可笑，擔心會「燒毀」作物；中國人還會在稻田裡灑生石灰，不僅可以殺蟲，除野草，同時使土地肥沃，這些作法都相當有效，確實增加地力，多生產許多糧食。閔明我也說：中國是世界上供應最豐富的國家之一，全年有大量的肉，上千種各樣小吃，各種蔬菜、豆類，豐富的上等水果。

可是明朝人未必就活得健康一些。明成祖活了六十四歲，他父親朱元璋活了七十。明成祖的大哥朱標活了三十七歲，二哥活了三十九歲。這還是帝王之家，一般百姓可就更不行了。張居正活了五十七歲，鄭成功只有三十八。他們不是成天吃的有機蔬菜？生機飲食？科學家當然有話要說：古代人儘管吃的都是有機營養食品，可是成天為了生活忙碌，壓力過大，朱元璋憂心孫子能不能順利繼位，張居正恐怕小皇帝不成材，鄭成功也得為大明正朔傷神，這恐怕都是古人短命的原因。

還有些科學家指出另一個觀點：石器時代人類生活於純淨的大自然中，主要飲食包括魚類、貝類、葉菜類、水果、堅果及各種昆蟲。林中的野雞、刺蝟、兔子等小型動物讓古代人類打打牙祭。這種飲食內容與人體長期演化的過程緊密結合，自然有益健康。

的確，人類進化過程中，食物內容改變的速度遠大於身體結構改變的速度，身體不勝負荷，因此只能活到中壽。「石器時代飲食」(Stone Age diet) 才是解決問題之道。他們以石器時代人類能夠採集的食材為限，調製飲食，希望藉著這種飲食回到身體的原始設計狀態。當然，石器時代人類烹調技術有限，這些鳥蛋、菌類食材並非用來燉湯、熬粥，也沒有大火快炒。現代人真要奉行，沒有牛肉麵、小籠包還是小事，沒有咖啡、可樂，沒有薯條、漢堡，可教人怎麼活？

不過真要能這麼做，儘管達到生機飲食的目標，可是現代人的壓力還是沒有解決。年輕人一樣得朝九晚五，每週工作五天；孩子們還得擔心月考、期考，升學壓力一點沒減少；退休的老年人還得幫女兒帶孫子，幫兒子排隊買新手機，哪點清閒？其實現代人吃得再不健康，平均壽命也比古代人長了許多。有些病痛，藥到病除。肺結核、黑死病都不再威脅人類，多吃點農藥、化肥，算得了什麼？

瑞士的飲食

瑞士位於歐洲中部，在阿爾卑斯山、瑞士高原及侏羅山脈之中，四鄰包括德國、法國、義大利與奧地利，位於交通孔道，地位重要。大家都知道瑞士是旅遊勝地，到瑞士去，也都會帶點瑞士刀當做紀念品，這種傳統，可是自古已然。瑞士除了農業與畜牧外，自古即有製造刀具與精密機械的工藝傳統。

蒙田 (Michel de Montaigne, 1533–1592) 是文藝復興後期的重要學者，寫了許多著作，至今影響猶鉅。1580 年，蒙田前往義大利訪問，他將路上的見聞寫了下來，整理成《義大利遊記》(*Journal de voyage*) 一書，內容包括食、衣、住、行與對各種事物的評論，提供我們觀察 16 世紀社會與生活的機會。他沿途都保持紀錄，途中經過瑞士，記載了許多瑞士飲食狀況，讓現代人能知道古人如何解決民生問題。先拿飲料來說：從希臘羅馬時期開始，歐洲人喝酒都得兌水，一瓶正常釀造的葡萄酒，大約兌上三倍到四倍的水，平均的酒精濃度大約在百

蒙田是文藝復興後期的重要學者

十六世紀的歐洲釀酒廠

分之二到三之間，這種飲酒習俗一直延續到近代。蒙田到了瑞士，發現當地人喝酒不需要兌水，因為當地釀酒時發酵期短，酒精濃度不高，即使不兌水，勁道也不比別地兌了水的要大。當地人相當熱情，喝酒用銀杯或是玻璃杯，酒壺一空，必須立刻滿上，否則內心不安。瑞士酒店中不供應水，只有在溫泉處所，拿溫泉水當藥喝。各地的泉水味道不同，有的有鐵鏽味，有的有明礬味，有的酸泉水味道酸辣，當時人喝這些水都是為了治病，潰瘍、溼疹、頭疼、胃病都能治，直到今日，歐洲人還熱中於溫泉治療。

中世紀以後，瑞士宗教信仰便開始分歧，許多抗議羅馬教廷的活動，最早就是在此地集結。16 世紀時，羅馬公教與抗議教派信徒大約各占人口一半，但倒也能和平相處，彼此通婚，在飲食習慣上，也彼此尊重。例如當地教規規定：星期三吃魚，星期五不供應肉，許多人乾脆在星期五禁食。

吃肉吃魚，可都費錢，一般人過日子，還是得以麵包為主食，就拿蔬菜湯加上麵包，便算是一頓熱食；如果不放麵包，也可以加米同煮，類似我們的糝湯。用餐時，拿大的碗盛湯，上桌後各自取用。不煮湯時，就單用麵包裹腹，麵包也有講究，用茴香調味，再加上各種調料，對法國人而言，味道辛辣刺激。

中等以上人家則可以經常有肉吃，但不外乎豬肉與雞肉。一般人吃不起野味，不過像蒙田這樣的旅行者泰半來自上流社會，飲食自然精潔、豐盛。蒙田一路上受到貴族、主教等顯要的接待，選擇的旅館也有相當規模，餐盤中也有野兔、山鷸之類的野味。瑞士雖不靠海，但有許多湖泊與河流，水產相當豐富，餐館提供許多魚蝦，烹調的技術不差。一般人吃肉食，還搭配一些魚肉，蒙田對這種情況相當好奇，提到過許多次，顯然當時的法國人不會把魚、肉放在一起。不過齋戒之日，除了魚以外，可就沒有其他選擇，倒是各處相同。

一般的餐具分成三種：取具、盛器與杯具。取具只有刀子與湯匙。喝湯使用湯匙，取食肉品或生菜則多用手，將盆中的肉品與生菜放到個人面前的盤中進食。湯匙或是盤子大多為木製，餐刀也是銀柄、木刃，並沒有切的功能。富有人家則可能擁有許多擦拭得相當光亮的錫製器皿，但進餐時，仍是使用木盤子，這一點倒也不是瑞士人如此，蒙田自己家中，也有相同的作法。銀器一旦接觸硫磺或酸性物質，極易變黑，並不適合作為日常生活餐具。歐洲製作玻璃的工藝相當發達，許多杯具為玻璃器皿，但極易碎裂，平民百姓寧可選擇木製或陶製的杯具。

蔣家雞油炒飯

人們傳播消息之際，難免穿鑿附會，對名人的私生活，還會加上許多想像，甚至脫離時空，傳說清代皇帝山珍海錯，食前方丈，就是違反邏輯。好事者卻多信以為真，還津津樂道，不斷擴散，甚至還要生起模仿之心。就拿飲食來說，原本普普通通、又鹹又辣的湖南農家菜，也在各地流行，但又有幾個人真能消受？

蔣介石算是近代的名人，領導軍民抗戰八年，終於打敗日本，獲得最終勝利時，世界聞名。因為名人效應，有關蔣介石的傳說相當多，如何追求宋美齡，如何經歷西安事變等，還有每天喝人蔘湯的說法。但是，當毛家菜風行一時之際，卻沒有人聽說有什麼蔣家菜。倒不是蔣介石不吃不喝，而是蔣介石的飲食相當簡單，既缺乏毛家菜的香辣，也少了淮揚菜的精美，甚至於連滋味都不太講究。

蔣介石牙口不好，1925 年，蔣介石不到四十歲，他在日記中就經常記載如何治療牙疼，還特地找了湖南湘雅醫院一位外國醫師拔牙。《蔣介石年譜》記載：1934 年 11 月底，蔣介石的牙病已經無可救藥，11 月 27 日，拔右下顎大牙兩枚，29 日，又拔除病牙兩枚。12 月 2 日，再拔上顎門牙兩枚，4 日，拔除上顎左前方病牙兩顆，7 日，再拔左下顎大牙。短短十天之內，拔掉九顆牙齒，其他牙齒，要不已經拔除，便是煢煢獨立，恐怕無有太多功能。裝了假牙之後，又經常因為牙床萎縮，造成口腔不適。西安事變發生時，蔣介石脊椎受傷，渾身痠疼，無法正常活動，後來醫生建議，把牙齒全部拔除，背傷應當可以好轉，蔣介石也遵照而行。即使拔完牙，換成假牙，仍不舒服。德國軍事顧問團總顧問法肯豪森的報告就指出：七七事變前後，蔣介石一直為牙疼所困擾，他在七七事變前一週（1937 年 6 月 30 日）日記中寫下「軍醫專設牙科」，可見他那幾天牙口真的欠佳，不免將心比心，要體諒下情。

牙口不好的人，恐怕無法講求飲饌，所以蔣介石的飲食相當簡單，清淡。許多其身邊的侍從人員都有類似的記載。1943 年到 1975 年間，熊丸醫師擔任蔣介石的醫官，他曾口述有關蔣介石生活之情形，說蔣介石喜歡家鄉飲食，紅糟肉、黃魚等等，一定要煮得十分軟爛，才能入口。另一位「內衛組」工作人員回憶：「因為先生牙齒不好，總要吃些適合他的菜」，這種說法含蓄，意思就是要吃一些軟爛的食物，為了補充營養，每天早晨都要喝一碗用老母雞熬煮的雞湯，去油後食用。另外，他也喜歡吃一些奉化的家鄉菜，例如筍子、醬瓜等。他居於臺北近郊陽明山，當地有許多筍農，筍子盛產之時，總要讓侍從人員買幾百斤，煮過、切丁，放冰箱保存，隨時可以食用。他的下堂妾姚冶誠雖不與之同住，但也會時時送一些自製的家鄉口味芝麻醬，蔣介石也相當喜愛。

根據蔣介石自述：年幼時要掃地、洗地板、燒飯。蔣介石還真有燒飯的技能，不過年輕時軍事倥偬，到了抗戰時期，又要負責政軍事務，他仍要找個機會下廚，顯示廚藝。1941 年，蔣介石在四川指揮抗戰，多住在重慶的黃山，儘管公務繁忙，也要找機會到山林中走走。根據《事略稿本》的記載，這年的 3 月 17 日，蔣介石在袁家池畔野餐，「自作蛋炒飯，食之別具風味」。

炒飯是中國飲食中非常重要的元素，在食稻地區，總會有些剩菜剩飯，如果一起加熱，即可食用，除了惜福，也是簡便的餐食。飲食店中，總會有炒飯出售，起油鍋後，蔥爆香，放入冷飯，稍加調味，米飯中的澱粉遇高溫便產生梅納反應。1912 年，法國化學家梅納解釋：將碳水化合物與胺基酸或蛋白質一起加溫到 140°C 以上時，會產生複雜的化學反應，生成大分子物質及許多氣味不同的中間體分子，為食物添加風味與色澤，稱之為「梅納反應」。這不僅解釋蛋炒飯令人食指大動的奧祕，也說明何以用糖或澱粉漿過的肉絲、肉片能夠色、香俱全。

蔣介石侍衛人員指出：到了臺灣之後，蔣介石偶爾心血來潮，仍會在院中，支起爐子，親自下廚，又以「雞油炒飯」最為著名。蔣介石製作雞油炒飯時，也是充分利用「梅納反應」的效應，先用雞油將米飯翻炒，適當時候，將打散的蛋汁倒進炒飯中，繼續翻炒，「金鑲玉炒飯」即成。這種方式與一般人先將雞蛋炒熟，次第加入米飯與蔥的作法稍有不同。雞油炒飯原本平平淡淡，但仍不免穿鑿附會，把蔣家雞油炒飯說成如何的精緻、講究，還要在餐廳推出蔣家雞油炒飯，野人獻曝一番。蔣介石地下如果有知，不免竊笑。

宋美齡的西餐

宋美齡於 1897 年出生於上海浦東，父親宋嘉澍幼年即前往美國打工，後受洗為基督徒，並進入神學院就讀，成為衛理公會牧師，回國後經營出版業致富。宋嘉澍娶上海望族之女倪桂珍為妻，生育三子三女。宋美齡行四，有兩姊、一兄、兩弟。1908 年，宋美齡與二姊宋慶齡同赴美國留學，九年後返國，長住上海。1922 年，蔣介石在孫中山麾下任東路討賊軍第二軍參謀長，在上海初遇宋美齡。蔣介石當時已有家室，而且信佛，仍熱烈追求基督徒宋美齡，宋母強烈反對。蔣乃解除婚姻關係，與宋交往。1927 年 12 月 1 日，蔣宋兩人結婚，此時蔣四十歲，宋三十歲。蔣介石也在 1930 年受洗成為基督教徒。

1937 年中日戰爭爆發時，蔣介石擔任國民政府軍事委員會委員長，實際控制全國軍政大權；年底，宣布遷都重慶，蔣宋兩人也多居住於重慶。抗戰勝利之後，短暫回到上海。後去美國，直到 1954 年 10 月，宋美齡才自美國返回臺灣定居；前後二十多年，直到蔣介石於 1975 年去世之後，宋美齡才搭專機赴美，與其娘家姪女團聚。1986 年以後，她又回臺北，與子孫共享天倫。但 1988 年蔣經國去世之後，政局改觀，宋美齡乃決定於 1991 年返美長住；直到 2003 年 10 月逝世於紐約，享壽一百零六歲。綜觀宋美齡一生，居住於美國的時間多，臺灣、上海兩地則是她較為熟悉的環境。抗戰期間，她經常前往美國就醫，時間並不算長。蔣介石與宋美齡的出身背景完全不同，所受的訓練也有天壤之別。兩人如何共飲共食？可謂一極大的謎團。宋美齡隨蔣介石居住於官邸時，自然有侍從人員服務，晚年居住美國期間，仍受到相當禮遇，不僅維持侍從武官的規格，還有護理人員隨時照料。宋美齡去世之後，有關單位曾經出版一本《蔣夫人宋美齡女士行誼口述訪談錄》，訪問當年在士林官邸及紐約寓所的工作人員，對宋美齡日常生活有相當清楚的介紹，不僅滿足世人的好奇，也揭開官邸生活的神祕面紗。

宋美齡一直有晚睡晚起的習慣，早餐時間並不固定，也相當簡單，一份三明治或一片蛋糕，加上紅茶或咖啡即可。因為長年居住美國，宋美齡偏好西式飲食，且注重保養，食量不大，經常食用生菜沙拉以養生及控制體重。她一生為皮膚病所苦，必須謝絕海鮮等易引起過敏的食物，肉品多為牛、豬與雞。蔣介石夫婦感情相當好，無論是重慶還是臺北，蔣都儘量回寓所，與宋美齡一起進午餐。宋美齡吃生菜、牛排或雞肉，蔣介石則喜好軟爛的中式餐點，各吃各的，並不干擾。晚餐就固定四菜一湯，但各自一盤，中餐西吃。

宋美齡喜好的生菜以番茄、蘿蔓萵苣、小黃瓜、西洋芹和胡蘿蔔為主，蘸酸奶或油醋醬汁，蔣介石每每要說宋美齡愛吃生菜沙拉，「像羊一樣」。宋美齡因為食量小，無法吃完肉品時，每每將剩餘食物與其寵物分享。一位護理人員回憶：如果廚房準備牛排，蔣夫人會要護理人員先切下她要吃的分量，將其餘的部分與護理人員分享，決不會將吃剩下的食物留給其他人食用，這種尊重部屬的風度，贏得許多尊敬。宋美齡晚年進食更少，可以好幾天不吃東西，只喝點雞湯。

蔣家為虔誠基督徒，一到西方宗教慶典如感恩節或是耶誕節時，自是熱鬧非凡。全家團聚，烤牛排、烤火雞、蛋糕，都不可少。一遇家人生日，則壽桃、壽麵這類應景食物，也充分準備。宋美齡喜歡甜食，除了巧克力外，還有紅豆鬆糕。她經常到圓山飯店，與朋友、家人一起進餐。吃中餐時，多半會有紅豆鬆糕；搭配西餐的甜食，自然以冰淇淋或巧克力為上選。宋美齡還有一個特別愛吃的點心叫「跑馬蛋」，其實是火腿杏仁烘蛋：蛋汁攪拌到起泡後倒入預熱的平底鍋，加上火腿丁、杏仁片等餡料，捲成橄欖狀，即成。這道菜必須在起鍋後立刻上桌，所以叫做「跑馬蛋」，一旦涼了，就缺乏蓬鬆之感，與開封著名的「鐵鍋蛋」倒有幾分相似。

宋美齡的飲食簡單，但特別注重飲食禮儀，這是教養與長年的官式生活養成的習慣。在官邸用餐時，服務人員必須根據飲食穿著，如果吃中餐，就穿著白色長袍馬褂；如果吃西餐，就穿著白西裝、打領結，不容馬虎。餐具擺放的位置也不容疏失，否則宋美齡就要表示意見了。

如何形容味道？

人的味覺與生俱來，最初的設計並不是要品嘗美味，而是以資辨識採集的物品是否可食：有苦味的草根多不宜入口，甘甜的漿果顯然有益；再輔以嗅覺，可以辨別食物是否腐敗，飲食安全的第一道防衛機制就是如此建立。

烹飪技術隨著文化開展而發達，但講究的是「具膳餐飯，適口充腸」，適口即可；過度講究美味，反而敗壞德行，甚至招來殺身之禍。齊桓公的御廚易牙煮了自己兒子讓齊桓公嘗嘗異味。管仲於是警告齊桓公：愛惜骨肉是人情之常，易牙能殺子以求寵，何愛於君？齊桓公終究未納其言，親信易牙而招來大禍，身腐亦不得安葬。

古人活動範圍小，一輩子在家鄉過日子，除了逃難跑反，不會離鄉背井，所飲所食，大都是代代相傳，各地也是大同小異。〈桃花源記〉提到武陵漁人進入山洞之中，發現一處新天地，當地人雖是秦代以後便遁居於此，與外界隔絕，卻仍是「男女衣著，悉如外人」，也願意款待這位不速之客。這雖是陶淵明的寓言，但也符合實情。近代以前，生活事物演變的速度緩慢，從秦末到東晉約五百年間，不僅衣著服裝依舊，食物也無差別，「設酒、殺雞、作食」多麼自然，無須虛耗筆墨，多做描述。

的確，古人提到食物時，多半只描述有哪些東西，例如魯智深到了桃花村，吃了太公一隻熟鵝，二、三十碗酒；劉唐專門給宋江送了一百兩金子，宋江請客，也就是「大塊切一盤肉」加上菜蔬果子，吃得簡單，更從不說明味道如何。肥鵝、雞、鴨多半煮熟而已，味道大約放諸四海皆準。就連專講風花雪月的《金瓶梅》也從不特別說明食物的味道。第四回提到西門慶剛要勾搭潘金蓮時，王婆居間，安排了肥鵝、燒鴨、熟肉、鮮鮓及細巧果子，笑笑生也假設大家都知道這些食物的味道如何，不在此處刺激讀者的遐想。

鮮鮓的「鮓」原為保存魚的方法，不外乎將魚切片後加上鹽及糟，即可食用。唐代以後，江南人士便普遍製作鮓，以蓮葉包裹，數日後取食。宋代的蔡啟說：「吳中做鮓，多就谿池中蓮葉包為之，後數日取食，比瓶中者氣味特妙。」足見古人形容食物味道的筆法相當貧乏，就屬「妙」字最常見。例如南宋浦江著名女子吳氏寫的《中饋錄》中，介紹醃鹽韭之法，說「醃一、二宿，翻數次，裝入瓷器內，用原滷加香油少許，尤妙」；清代的朱彝尊講到自己製作糖薑的祕方是「略加梅滷」，味道「妙」。這妙字到底要形容怎樣的味道，還真得各有會心才行。要是真碰到大家不清楚的味道，要如何描述？詞窮之餘，除了「妙」就是「美」。

《本草綱目》形容貛肉「味甚甘美，啖之殺蛔蟲」；南宋的施宿在《會稽志》中提到「雞頭」，說「其柄可以為菹，甚美，芡實甘滑有佳味」。這兩個形容食物味道的字，讀者難以意會，說了等於沒說。

印象中，只有南朝梁劉孝標的〈送橘啟〉形容橘子的味道，最為傳神。劉峻生於 5 世紀中期，正逢亂世，年幼時便與家人失散，輾轉成了劉實的家僕，因此跟著姓劉。他努力好學，頗有文名。後因北魏起兵，他又流落山西，在大同出家，並翻譯佛經，又注《世說新語》。劉孝標學問好，書讀得多，說起味道，才能用各種方式形容。一回，他送幾個橘子給朋友，生怕別人不知道，還特別寫信說明：「南中橙甘，青鳥所食。始霜之旦，采之風味照座，劈之香霧噀人。皮薄而味珍，脈不粘膚，食不留滓；甘逾萍實，冷亞冰壺。可以熏神，可以芼鮮，可以漬蜜。」這位朋友大約住在關外，他特別問「氈鄉之果，寧有此耶？」其實這根本不是問句，就是瞧不起這些住帳棚的人，認為他們根本不知道橘子的味道，特別說明。

的確，味道並不容易形容，何況每個人的味覺發展不同，生理結構不同，有人的味覺要比其他人敏銳，可以嚐出食材的差別，據說易牙就能將淄、澠之水的差異嚐出來。較諸於男子，一般女性對食物更為敏銳。

真要以言語形容食物之精妙，斷非易事。君不見現在氾濫的美食節目中，主持人動輒就是「口感」、「嚼勁」，如果「Q」也算個字的話，還真是到了如雷貫耳的地步。這些形容，還是說了等於沒說。古人說「妙」、「美」，至少還有驚異之感，「口感不錯」難道不能形容家常便飯？橡皮筋不也挺有「嚼勁」，與好吃有啥干係？

香臭之間

人類五官，分別感受色聲香味觸等五蘊，好惡之間，自有邏輯，並無絕對標準。《聊齋誌異‧羅剎海市》提到馬驥丰姿甚美，年少倜儻，美如好女。一年，前往海外途中，碰到颶風，漂流到某地，城中人「皆奇醜；見馬至，以為妖，群譁而走。」馬驥偶然將臉塗成張飛一般，頭角猙獰，大家反而為之驚豔，說「何前媸而後妍？」到底什麼是美醜，大概也真沒個準；味覺、嗅覺莫不如此。

舌頭能夠辨識的氣味有限，只能分辨酸甜苦辣等幾種主要味道；鼻子卻能辨識數百種味道，有了嗅覺，才能建立完整的味覺系統。人要一旦得了重感冒，嗅覺失靈，則味道辨識能力一定所剩無幾，吃東西沒味，就是這個道理。飲食之際，嗅覺扮演重要角色，所以閩南語說一樣東西好吃，要說「氣味」不壞，而非「味道」不壞。

不同民族，因著生活習慣不同，信仰不同，對氣味的認知與喜好也有很大區別。廟裡少了香煙繚繞，菩薩肯定不靈；魯智深在五臺山廟外頭聞到狗肉香，又豈僅是香味而已？恐怕許多與朋友同桌共食的情景，立刻湧現心頭。在歐洲念書時，老喜歡到咖啡館裡磨蹭，即便不喝咖啡，走進店裡逛逛，聞聞烘焙咖啡豆的香氣，也挺好。還喜歡到大教堂中，聞聞彌撒過程中的薰香，精神也隨之安定下來。教堂外的廣場，通常有許多攤商，香腸攤前，炒洋蔥的香氣也讓人忍不住掏錢。這些味道，都是城市印象中的重要一環。最近去的幾家咖啡館，進門沒聞到該有的咖啡香，讓人有找錯地方，上了當的感覺。不過店裡絕大多數顧客也許並不在意咖啡館中的香氣饗宴。畢竟，許多人對咖啡館文化與氣味的認識並不完整，將咖啡停留在飲品的層次。

中國古代習慣將青菜醃製而食，稱為菹，朝鮮半島上的居民也喜歡這麼吃，而且口味更重些。他們將薑、蒜等食材發酵後，成了著名的泡菜。明代以後，大白菜、辣椒傳入朝鮮，空氣之中，彷彿到處都有泡菜味，更豐富了當地的泡菜文化。一般人到朝鮮各地旅遊，最不習慣的，恐怕就是這些氣味。朝鮮半島的食物氣味往往出人意表，全羅道有一種醃製的螃蟹，味道相當刺鼻，而魟魚更是特殊。廚師先以稻草包覆魟魚，再放入陶甕中發酵。幾天後，阿摩尼亞的味道已經流洩各處。再將魟魚切片，與大蒜、泡菜同食，視為美饌珍饈，觀光客卻得掩鼻疾走，避之唯恐不及。

魚蛋白很容易變質，一旦發酵，味道甚重。《史記》記載，秦始皇死於巡幸天下途中，祕不發喪。但當時天熱，屍身隨即發臭，趙高等人乃詔從官「令車載一石鮑魚，以亂其臭」。鹹魚竟可以掩蓋屍臭，味道也真不一般。希臘人愛吃魚露，把芫荽等香料與雜魚放一起，曝晒、發酵，漸呈液態後，裝瓶即可供販售、食用。這種魚露廣受歡迎，行銷地中海各地，羅馬人也喜歡這種調味料，卻禁止在市區設廠生產，其味道甚重，可以想見。

芫荽一般人稱之為「香菜」，原產於近東地區。不只是希臘、埃及，猶太人也喜歡用之入菜，作為麵包的香料。香菜逐漸流傳世界各地，約在漢代進入中國，自此以後也成為中國人習慣的香料。但也有人不喜此物，對「香菜」的名稱，不見得苟同。

臭豆腐是另一極端，嗜食者固然念念不忘臭豆腐的香酥，拒食者也可以說出各種不喜歡的理由。年幼時見到臭豆腐的製造商將一塊塊的豆腐放入汙穢不堪的鹵水池中浸泡，自此以後，便得了臭豆腐恐懼症，不敢親近。不過人家可老實地說是「臭」豆腐，沒有矯飾之意。香臭之間距離不明顯的例證甚多，東南亞地區人民頗多喜好榴槤者，甚至有「當了紗龍吃榴槤」的說法；但也有人對之異常反感，聞之色變。郁達夫在南洋生活過一段期間，他對榴槤的描述是：「有如臭乳酪與洋蔥混合的臭氣，又有類似松節油的香味。」此君也是榴槤的愛好者，對新加坡、馬來西亞許多旅館與公共場所禁止榴槤進入的作法，肯定有意見。

法國亞爾薩斯的明司特 (Munster) 小鎮生產一種乳酪，氣味相當重，行銷歐陸各地。德國人開玩笑，說您個人清潔衛生習慣不佳，襪子聞起來，活像明司特乳酪。其他味道重的乳酪也不少，德國的林堡 (Limburger)、法國的愛波斯 (Epoisses) 都是，還有一種乳酪就乾脆叫臭主教 (Stinking Bishop)，不喻自明。歐洲人批評臭豆腐之前，是否該先聞聞看自家乳酪市場中的各種氣味。

廚房的味道

誰都知道，廚房是個製造味道的場所，開門七件事：「柴、米、油、鹽、醬、醋、茶」，哪一樣不是與廚房有關？每天用餐，無論是吃香，還是喝辣，也都從廚房中來。一般人討論食物，每從調味技巧及火候控制說起，鮮少有人論及廚房本身的味道。難道說廚房料理割烹，堆放食材，備有各種調味料，卻沒有自身的味道？為何世人老是不提？想想，原來都是習慣成自然，以至於視而不見。

前兩天，重回到三十年前留學的德國小城，住在老友家中，享受一下黑森林的美景，也過幾天清靜日子。在他家中，聞到一股依稀熟悉的味道，仔細想了想，原來這就是德國廚房的味道。德國人對飲食的態度跟咱們不太一樣，吃得相當簡單，早上燒壺茶或是咖啡，弄兩片麵包，果醬、黃油一抹，就是一頓，中午也是麵包加上現成的熟食，不外乎肉片、乳酪之類，搭配點酸黃瓜、生菜沙拉，就是一頓。晚上更是簡單。在德國北方，晚餐以麵包為主，要是弄碗湯，算是講究，要是煎塊魚，煎個豬排，算是豐盛。猶記得三十多年前，一對德國夫婦請吃晚飯，當時初來乍到，弄不清楚狀況，滿心歡喜的赴宴。結果只見桌上擺了醃漬的鯡魚，煉過的豬油，拿來塗抹麵包，連碗熱湯都沒有，根本無法消受。飲食既然簡單，桌面自然不可能複雜，加上人口簡單，用餐之際，在廚房中即可解決，德國的廚房也往往負起餐廳的功能，所以廚房並不小，也占了住家中的重要角落，不僅臨窗，還講究風景。德國人在家中待客，往往延入廚房，燒咖啡，切蛋糕，就如一般餐館，而原本應有的烹調功能，反而日漸湮沒。

德國廚房中雖然烹調少，可是應具備的設施，從冰箱到烤箱，從洗碗機到咖啡機，一樣也不能少，至於調味料，從各式香料到各種調味罐子，一一陳列，頗有專業架勢，就連米其林三星主廚家中，恐怕也無法更為齊全。所以德國人儘管不烹調，但該有的瓶瓶罐罐，照樣得擺設整齊。咱們就舉幾樣說明一下：

義大利香料，這不是一種香料，而是許多香料的混和，就像咱的五香粉一樣。義大利香料少不了牛至、迷迭香、鼠尾草、羅勒與洋芹菜，家家必備，拌生菜沙拉時，大蒜、洋蔥切細末，擱鹽、醋、橄欖油，來一杓義大利香料，就是上好的沙拉醬料 (dressing)。要做義大利番茄肉醬麵時，洋蔥切碎，放油鍋裡炒過，加上絞肉、義大利香料、番茄糊，調味燉煮，不久便香氣四溢。

各式香草

法國人的香料配方不同，喜歡用上普羅旺斯地區產的各種香料如風輪菜、百里香、羅勒、月桂葉，碎切調配而成，香味與義大利香料不同，燒烤、醃製都合適，要拿來燉牛肉、烤綜合蔬菜均可。燉肉燉湯，做南瓜派、馬鈴薯泥，少不了荳蔻、肉桂、香草、紅椒粉等香料，也都各有其用途。這些香料，伴著洋蔥、大蒜，都放在一個廚房之中，能有多少味道？再有橄欖油、酒瓶、蠟燭，都摻和在一起，是種什麼樣的意象？什麼樣的味道？

可到了中國人的廚房，就不這樣。聖人有「君子遠庖廚」的古訓，認為大男人不可以下廚房，至今，許多地區仍謹守這種遺訓。既然庖廚不是正經人出入所在，自然也不會居於一個家庭中的重要地位，這種廚房文化，在中國人的血液中流動，一直有深刻影響，艱困年代中，走廊一角支個爐子，就能埋鍋造飯，一家炒辣椒，戶戶趕緊關門關窗。即便現代公寓林立，不僅戶戶獨立，居家面積更是寬敞許多，除了客廳臥室，也都弄一個像樣的廚房。不過咱的文化中，並不重視廚房，通常都在犄角旮旯之處，連個可以打開的大窗都沒有，能不能吸引家人，在此一同共餐？再看看中國人廚房中有啥味道？醬油、麻油、五香、八角，外帶蔥、薑、蒜，一樣不少，興許還能有兩塊臘肉、一條鹹魚吊著，您說說這幾樣東西加在一塊，能是什麼味道？廚房氣味不吸引人，地方又狹小逼仄，許多人乾脆在客廳茶几上鋪墊幾張舊報紙，就著電視，希哩呼嚕的吃將起來，飯後，食餘捲入報紙中，啥都收拾好了，多便捷？

攤黃菜與炒木樨

二十年前，初到大陸旅遊訪問，不僅一償宿願，也得以印證書本所學知識，雖說是百聞不如一見，但真也有丈二金剛摸不著頭腦的時候。武昌飯館有個炒花飯，問問店家這是啥，他也說不明白，姑且點了試試，才知道就是一般的蛋炒飯。北京東大橋，當年還是個好大的市場，各種麵飯，應有盡有。可我就不知道啥是攤黃菜，也是要端上桌，才知道就是一道炒蛋。

獼猴桃原產於中國，20世紀初，一位紐西蘭的教師到宜昌訪問，順便將獼猴桃種子帶回，從此獼猴桃在紐西蘭落地生根，現在且成了重要的出產品，風行世界。可是紐西蘭專家要如何稱這種東西就費了神了，因為獼猴桃通體長毛，頗像紐西蘭的土生動物鷸鴕(kiwi)，而稱之為kiwi，世人反而不知道獼猴桃為何。陝西是獼猴桃的生產基地，西安街上到處有賣獼猴桃，當地農民稱之為「驢蛋果」，一聽之後，恍然大悟，為何許多地方忌諱說蛋，尤其不喜歡入菜名，大概會令人聯想男性的器官。

獼猴桃原產於中國，但在紐西蘭落地生根後，成為重要的出產品，稱之為kiwi，風行世界，世人反而不知道獼猴桃為何

「蛋」是個晚近才出現的漢字，中國古代稱蛋為卵，《國語・魯語》就解釋：「尚未孵出者曰卵」，也就是「雞子」。《說文解字》進一步解釋：凡物無乳者卵生。所以俗語中有「危如累卵」。《荀子・勸學》也提到：蒙鳩把巢綁在葦苕上，一旦風至，苕折，則「卵破子死」。這幾個例子，都說古代稱蛋為卵。至今許多南方方言仍維持「卵」的說法，閩南語稱雞蛋為雞卵，鹹鴨蛋為鹹鴨卵，炒卵飯也就是蛋炒飯。

而許慎的《說文解字》並未收錄「蛋」，說明當時並沒有這個概念，直到唐代以後，北方才逐漸出現蛋字，柳宗元就用過「胡夷蛋蠻」一詞。卵原本是個象形字，凡卵之屬皆从卵部，到了「蛋」字，就成了虫部，概念完全不同，也開始出現一些負面的意象。所以連食用時，都要避免用蛋字，攤黃菜以外，還有個木樨菜，木樨就是桂花，撲鼻的香，在北方有八月桂花香的說法，到了臺灣，一年四季都可以開花，長得也快，也就不太稀奇。正因為顏色淡黃，所以用炒木樨來代替炒蛋，算是避諱。木樨到底是個不常見的名稱，一般人還真不會寫「樨」字，訛成了木須，館子裡有炒木須肉、木須炒麵等。乍聽之下，還真不知道跑堂的說啥，漸漸會過意來，原來是木耳、胡蘿蔔絲炒蛋一品。木須炒麵，自然就是雞蛋炒麵。這種隱晦的說法，到了清宮中可不行，皇帝老爺要是不知道自己吃的是啥，太監肯定遭殃，所以《清宮膳食檔》記載，御膳有糟鵝蛋、蒸雞蛋糕等，皇帝倒是不避諱。

木須炒麵其實就是雞蛋炒麵

蛋的營養豐富，除了蛋白質、卵磷脂、類胡蘿蔔素及葉黃素以外，還有膽鹼、維生素A、維生素D、維生素E、維生素B群等營養成分，更含有各種微量元素。所以自古以來，雞蛋都是上好的營養品。一般人要能常常吃蛋，算是福氣。無論早、午、晚餐，都可以成為出色的菜餚。煎、煮、炒之外，還可以醃製，以便長期保存，鹹蛋、糟蛋、皮蛋都是。

正因為蛋類菜餚甚多，一般在家中均可自製，所以鮮少上席，倒是有幾道著名的含蛋食物值得說說，尤其是開封的鐵鍋蛋與洛陽水席中的滾蛋湯。先把蛋打散、調味，摻上肉末、海米等佐料即成，鐵鍋燒熱後，將預備好的蛋汁倒入，放火上烘烤，蛋汁受熱膨脹，鍋沿色作焦黃，即可上桌。這種吃法，其實各處都有，稱為「漲蛋」，關鍵在於厚鐵鍋保溫，再加上醬汁，味道自然勝過一般炒蛋。

洛陽水席是著名的宴席菜式，二十年前已經領略風味。果真湯湯水水，與閩南飲食習慣類似，真是中華餐點的根源。十多年前，與飲食文學名家逯耀東先生重訪洛陽，在真不同餐館，邊吃邊聊，提到各種蛋類美食，包括了水席中的送客湯。各種儀式中，到了關節上，總要有人提個醒，才知道接下來該做啥。中國官場中的「端茶」，就是到了送客時候，客人要是不通氣，幾度端茶還不見起身，可就不合適了。現代宴會，送上水果，理該準備走人，算是規矩。河南鄉親席上沒有水果，就來碗雞蛋湯，提醒大家：該散了。

話說雪裡紅

中國人愛吃雪裡紅，無論清炒，或加肉哨子同炒，以之拌麵、下飯、啜粥皆可；也可調餡料，做包子、餃子，清香撲鼻。雪裡紅不受季節限制，四時都有。夏日淫雨，青菜歉收；冬季嚴寒，五窮六絕，雪裡紅都可及時擔綱，而且價格便宜，宜乎中國各地都寶愛雪裡紅。不僅看著顏色翠綠，吃起來也齒頰留香，可是「雪裡紅」的名稱，就不免令人疑惑。

菠菜通體綠色，唯獨根部為紅色，文人雅士以形名之，稱為「紅嘴綠鸚哥」。以此類推，雪裡紅應當是白色菜葉，帶上紅點，可是咱們一見本尊，怎麼也無法與雪、紅的意象結合。明末的王象晉寫過一本專講植物的《群芳譜》，內容實用，頗受康熙皇帝重視，要汪灝補充，成了《廣群芳譜》，書中提到浙江四明一帶稱雪裡紅為「雪裡蕻」:「四明有菜名雪裡蕻，雪深諸菜凍損，此菜獨青。」這種說法倒是比較能說明雪裡蕻的名稱。冬季嚴寒，一般青菜僅能在大棚中生長。倒是一些平時無人聞問的野菜，還能生機蓬勃。雪裡紅屬十字花科，芸苔屬，芥菜種，中國各地均可生長。

吳地方言形容草木茂盛為「蕻」，表述冬季之中，雪裡獨蕻的芥菜科植物，原也說得通。蕻音紅，略識之無者以訛傳訛，「雪裡蕻」成了「雪裡紅」。但是許多不下雪的地方，照樣稱為雪裡紅，就說不通了。有些地方稱之為「春不老」、「霜不老」、「飄兒菜」，還合適些。河北就有「保定府三椿寶，鐵球、麵醬、春不老」的說法，雪裡紅易於醃製保存，稱之為春不老，多麼合適。

雪裡蕻就是齏菜，古代與現代的吃法相去不遠。曹操與楊修有「黃絹幼婦，外孫齏臼」的故事。一般解釋，「齏臼」是「受辛」，把辛辣之物放入小臼中搗碎，正好下飯，說明「齏」的基本功能，就是既便宜，又好下飯。

古人食用野菜的內容遠比今人豐富，一時消耗不了，還可以醃製成下飯的「齏」。以韭菜為例，杜甫的〈贈衛八處士〉說：「夜雨剪春韭，新炊間黃粱」，春韭隨處可得，甚至可以搗碎做成韭菜齏。宋代詩人洪咨夔仿杜甫的筆意，說「踏雨剪韭供春齏」。歷史上最有名的韭菜齏當屬晉代石崇的「韭蓱齏」。製法是把韭菜拌麥苗，擣成泥而成。小菜原不登大雅，但在草木不生的冬季，韭菜自然珍貴，還能做成齏，可就不是一般人能夠做到，讓與石崇鬥富的王愷羨慕不已。王愷於是重賄石家僕人，才知道商業機密：石家的韭蓱齏不是用新鮮韭菜，而是以韭菜根部擣汁而成，存其香味，不知情者還真信石崇本事通天。不過要在今日，大棚中什麼都能種得出來，冬天的韭菜並不希罕。

芥菜、韭菜之外，其他植物也可以做成齏，例如江南各地都可以找到的馬蘭頭。馬蘭色澤碧綠，炒食、涼拌皆可，剁碎拌餡，包成餛飩或餃子亦佳。農家還在盛產之時採摘晒乾，以備不時。德國

有一種熊蔥 (Bärlauch)，據說熊特別喜歡，因此稱為熊蔥。這種植物多為野生，氣味與韭菜類似，所以也稱為野韭菜，富含維生素 C，春季發新葉時，味道鮮嫩，可食用。德國人除了當沙拉生食之外，也剁碎製成罐頭，不就是咱們的虀菜。許多德國人也拿來拌麵，拌生菜，都挺好。

虀菜多為冷食，所以兒時讀成語「懲羹吹虀」時，並沒有太大的疑惑，人要是教熱羹給燙了，不免小心，連吃虀菜都得吹吹。但是羹與虀兩者形象差別太大，不可能弄錯，又如何類比？辭書中又不說明，這個疑問也就一直擱著。

後來讀了蘇軾給友人推薦食用虀粥的信，才稍解此惑。蘇軾製作虀粥，把虀菜與米、生薑，同入釜中煮成虀粥，放冷後食用。這種吃法，在宋代相當普遍，還有「劃粥斷齏」的故事，說「范仲淹少貧，讀書長白山僧舍，作粥一器，經宿遂凝，以刀畫為四塊，早晚取兩塊，斷齏數十莖啖之，如此者三年」。拿白粥就虀菜，與蘇東坡的虀粥，都是平民百姓的日常生活。虀粥適合冷食，但看起來像是羹湯，不無弄混之虞，所以懲羹吹虀才能說得通。

虀菜雖為平民所食，但用來招待客人，仍嫌簡慢，所以有「虀菜孟嘗君」的說法。孟嘗君號稱好客，固然有其政治目的，但他花得起錢，才能在後世留個好名聲。如果阮囊羞澀，也要自比孟嘗，招待貴客也僅供得起虀菜，就難免「虀菜孟嘗君」之譏了。

辣屬五味？

中國人一說到心緒萬端，往往用「五味雜陳」來形容。五味指的是酸、甜、苦、辣、鹹，但辣其實不是味覺，而是感覺。這麼說吧：酸甜苦鹹用手指頭無法分辨，可是拿起辣椒泥往身上招呼，一定有所反應，這是辣椒中所含的化學物質如辣椒素與薑醇造成的刺激。有人不能吃辣，碰到辣椒雙唇辣得出火，也都是這些化學物質作祟。辣椒屬於茄科，原產於中南美洲，明代末期才隨著歐洲商人進入東南亞地區，成了這些地方飲食中的重要調料，一般人也是這個時期以後，才漸漸認識它，川湘地區甚至有「一日不可無此君」之嘆。

自小受父親影響，飲食嗜辣。父親到市場買辣椒，總要先嘗一下才買，買回的辣椒，放在煤球爐底的炭灰中，不一會，發出點焦香味，蘸點醬油，吃得可香。一到週末有空，買點肉，加上辣椒、蔥、薑，一併細切、剁成末，再用油炒過。此時，只見周遭鄰居都得關門閉戶，否則口鼻疼痛，宛如遭受化學武器攻擊。現在想想，這種南北和的居住空間，雖是融合各地文化，但也真能凸顯文化差異。想起二十年前，頭一回到西安，無意中走入一個農產品市場，只見到沿街販賣辣椒與花椒的店家，擺放不同品種的辣椒乾，將辣椒乾依著顧客的需求，磨成不同大小的粉、片，回家過油一炸，就成了油潑辣子，家家如此，誰也不會覺得炒一道肉末辣椒值得大驚小怪。炒出的肉末辣椒可以放上一個星期不壞，當然也壞不了，每頓飯，這碗辣椒上桌，兄弟幾個都能多吃一碗飯，第二天上學帶飯盒，也弄上一瓢在飯上，實在也不太需要其他的副食。《紅樓夢》提到的小菜茄鯗，是富貴人家「遣有涯之生」的無益之事，不見得就真比咱家的肉末辣椒好吃。話又說回頭，野人獻曝，也覺得自己的日子過得特踏實。

油潑辣子

旅遊西安的人一定聽過「辣子一道菜」，拿油潑辣子往白麵條上一拌，來點醋，就是一頓飯 。川陝地區在漢唐時期原為中國核心，後經大規模破壞，到了明清時期，才有大量人口移入。因為物產有限，移民生活艱困，新輸入的辣椒正好派上用場，解決民生與健康問題，所以明代以後移往川陝、兩湖地區的人，嗜吃辣椒，頗以此自豪，還有「不怕辣、怕不辣」的說法，似乎這些省分的人吃辣成了一種天經地義。殊不知這些地方的人認識辣椒的時間也相當有限，大約跟吃玉米麵、馬鈴薯的時間一樣久。這些新作物當年從美洲飄洋過海，傳到世界各地，也在各地生根，成為許多地區的重要主食。愛爾蘭人愛吃馬鈴薯，要是一頓飯沒有馬鈴薯，就算沒吃，要是把辣椒從川湘地區的日常生活中抽出，那日子還能往下過嗎？

辣椒還真是好東西，中醫相信吃辣可以去溼，不知道這「溼」是什麼概念，現代醫學倒是確認辣椒含大量的維生素 C 及微量元素鉀、鎂等，可以殺菌、促進血液循環，對身體甚為有益。德國人也講究自然療法，使用大量的藥草與自然材料。20 世紀初期，德國藥廠拿辣椒素製成藥膏，可以促進血液循環，敷上之後，患部立刻發紅，對跌打損傷頗有療效。每回上德國，都得帶些回來，以備不時。德國雖然使用辣椒，一般人卻不能吃辣椒。念書時，每逢我弄點肉末辣椒，德國室友莫不掩鼻疾走，似乎遭到芥末毒氣的攻擊，倒是一位波蘭同學，經常吃辣根醬 (horse radish)，較能耐受咱的大漢風味。

其實歐洲人也吃甜椒，無論青椒、紅椒或是彩色椒，都能用來做生菜沙拉，也可以塞點調了味的絞肉餡，燉著吃。二戰之後，許多幾輩人以前移居東歐的德意志移民讓新政權給趕回德國。這些人還老想念著原本的習慣，沒事整點南聯、羅馬尼亞風味鑲青椒，相當雋永。東歐地區生產大量紅椒，除了當生菜吃，也將它晒乾，磨成紅椒粉，燉煮牛肉時一定少不了，煎荷包蛋時也灑上一些，除了增添香味，還像是紅色花瓣灑落在皚皚白雪之上，煞是好看。

雖然甜椒與辣椒都屬於茄科，結構相差無幾，可是兩種作物所含的辣椒素相去甚遠，甜椒吃起來也溫和得多。美國化學家史高維爾早在 1912 年時就把這種刺激皮膚的化學物質辣椒素給定了性，還發展出一套測量辣味的指標，稱為史高維爾指標 (Scoville Scale)，從最辣到不辣，距離差堪可以與太陽到地球的距離比擬。

窮人的美食

觀光客來到臺灣，總要逛逛夜市，品嘗各式臺灣小吃。只不過觀光夜市的小吃以吸引顧客為意，極盡包裝能事，不復原來樣貌。真要了解臺灣飲食文化，必須往傳統市場，多半還能找到米粉湯、大腸頭、豬頭肉之類的真正臺灣小吃，認識早期臺灣移民社會的飲食樣貌。

這類小吃，多以豬的下肉為食材，簡單而純樸。牛的用處不少，耕田、拉車、拉磨；農民感念牛隻終年辛勞，而民間信仰也不主張殺生，所以臺灣人不願食用牛肉，市場自然也不販售。耕牛大限將屆時，農民會將之送到養牛場中，任其安度晚年，算是回報。所以臺灣吃食中，以豬肉為主。

肉有上、下之分，西方人將牲口的上肉分成四個部位：背脊 (loin)、肩胛 (shoulder)、腹脇 (side) 與後腿 (leg)，有時加上裡脊 (tenderloin)。除此之外，都屬下肉，可以讓窮人湊合一頓肉食。

臺灣人特遵守古禮，每月初一、十五要「做祭」，弄一塊五花肉，這算是上肉，煮熟後整塊上供。祭祀既畢，切成薄片，沾醬而食，與《左傳》中所說的「胙肉」完全相符。這是每月例行的祭祀，一般時間，平民百姓是吃不起上肉的，只能將就弄點豬頭肉、豬腸、下水解饞，實質補充蛋白質。所以大腸頭、豬頭肉就成了臺灣民間小吃的典型。可有一樣：豬肝算是補品，一般人買不到。婦女經後、產後，需要補充鐵質，得到肉案上預定，閩南語稱為「吩咐」，肉販才會給您留一小塊；否則，他日請早。不免有人要問，所有的人都吃下肉，上肉哪去了？

其實簡單，大戶、官署、公門，都是上肉的基本消費者。討論飲食史時，各式美食，可都是上肉製成，鴻門宴中的彘肩，不就是上肉？這種情況，自古即然。就拿《儒林外史》講「范進中舉」那一段來說。范進的岳父是個屠戶，家裡豈缺豬肉，但女兒嫁到范家，生活清苦，也未必周濟。即使范進考上秀才，進了學，也只帶得一副豬大腸、一瓶酒為賀，嘴巴裡仍是嘟囔，說女兒嫁進范家「十幾年，不知豬油可曾喫過兩三回」。沒有錢固然吃不起肉，有錢的人，也未必捨得花錢買肉，《儒林外史》中另一位人物自道：「家中有幾畝薄田，夫妻四口度日，豬肉也捨不得買一斤，小兒子要喫時，在熟切店內買四個錢的哄他。」但是嚴貢生家裡講究，平素吃的也不馬虎，《儒林外史》第五回說嚴家家人準備的食盒，共計九碟，都是雞、鴨、糟魚、火腿之類。這下子咱可都明白，上肉哪去了。

肉食為許多人所愛，衡量事物，往往以「吃肉」為原則。《左傳》中，曹劌討論政治人物的見識，要說「肉食者鄙，未能遠謀」。這句話，把人類一分為二，吃肉的，跟吃不起肉的。漢代認為天下大治的標準：男耕女織，家戶養雞、養豬。五十歲以上可以穿絲帶帛，七十歲以上的長者可以食肉。一般人吃不起上肉，范進的丈人弄點豬腸子，也不算失禮。

中國民間有許多諺語都跟飲食有關，也反映出窮人對下肉的感情。例如批評官府要錢，有「火到豬頭爛、錢到公事辦」的說法，說自己見多識廣，也強調「沒吃過豬肉，可見過豬跑路」。不過這句話可充滿辛酸，想想，養豬的人吃不起豬肉，吃肉的人，卻很少見過豬跑路。一般小家小戶的，吃不起上肉，能夠整一個豬頭，也算差強人意，所以豬頭是民間美食第一。各地料理豬頭的方法雖然不少，但不外乎燉、煮、醬、燒。閩南小吃中，豬頭皮也是以醬汁滷過，待涼後切盤。連皮帶油，也能一飽口腹之慾。至於腸、肚、肺、腎，莫不是叫人食指大動的美食。

西方人也有類似的料理，一般人家，把豬頭、內臟，無論心、肝、腸、胃，都當成寶，都有料理之法，一解饞蟲。德國的「豬頭凍」(Sülze) 便是使用豬頭、舌、心等，加上洋芹菜、香料，燉煮透爛以後，調味，再摻上食用膠，待涼後切塊，類似虎皮凍。德國南部、法國、瑞士等地，將牛羊等的肚切成條狀，做成「燉肚」(Kutteln)。這種吃法，歐洲各地都有，要追溯起源，可以回到羅馬時代。

大英各地也有食用牛肚 (tripe) 的習慣，英格蘭北部居民的「洋蔥牛肚」(tripe and onions)，將牛肚與洋蔥同燉而成；蘇格蘭的哈吉斯，更為經典，將羊內臟切塊，併同燕麥、香料，一起填進羊肚裡，煮熟之後，切片食用，成為蘇格蘭的國宴名菜。

根據統計，近年來，歐洲人食用內臟的消費日降，說明歐洲人脫貧之後，飲食習慣也跟著改變。近二十年來，臺灣對豬肝已經失去興趣，豬肝價格低賤，是原本無法想像的。二、三十年前，還經常在市場邊的攤位上，吃碗米粉湯，切點小菜，無論豬肺、豬耳朵、豬心、大腸之類，都能大快朵頤。近年來，小吃店逐漸為速食餐廳取代，偶爾還能看到一兩家小吃店，招牌上寫著「黑白切」，不外乎豬頭肉、豬腳、大腸之類，混切一盤，淋上醬汁，飾以薑絲、香菜，讀者一定要嘗試一下。

古人的飲品

許多人討論飲食史時，重點放在「食」，對飲的關注少些，但飲品至關重要，必須要多喝水，才是養生保健之道。人類最簡單的飲品，莫過於清水，礦泉水、瓶裝水、白開水全屬此類。可是喝水之道，卻有巧妙不同。中國人不喜生冷之物，一定要喝開水、熱茶。神農嘗百草，經常中毒，內臟顏色劇變，卻能以茶葉解毒。這種傳說深植人心，所以喝茶成了古人飲料的首選。

茶葉原產於丘陵，漢代四川產茶。西漢王褒的〈僮約〉一文，是王褒與家丁鬥氣的遊戲文章，文中提到「武都買茶」，卻是了解漢代生活的重要資料。唐代以前，因為交通運輸不便，茶葉不新鮮，所以唐人喝茶時，放些薑片、鹽，可能真把茶當成了解毒藥。當時的茶來自江南，白居易的〈琵琶行〉提到：「商人重利輕離別，前月浮梁買茶去」，有錢茶商願意拋妻別子，到南方買茶，顯然利潤不低；平民百姓卻不見得喝得起。

宋代以後，江南已逐漸開發，交通也便利，喝茶才成為平民百姓的享受，臨安城中，處處都是茶館。歐陽脩的《集古錄》提到：茶館都會擺個陸羽的磁像，算是行神。生意不好時，以茶湯澆到陸羽身上，還能招徠客人。明代以後，喝

宋　劉松年〈鬥茶圖〉局部

茶更是普遍。凡有客至，必先奉上一杯熱茶。《儒林外史》第一回就提到，翟買辦抱怨，走了老遠拜訪王冕，卻「茶也不見一杯」，豈不失禮？當時喝的茶未必好，但一定要熱，例如《儒林外史》第二回說到一位和尚「撮了一把苦丁茶葉，倒滿了水，在火上燎的滾熱，送與眾位喫」。

這「燎的滾熱」的水，便是「湯」字的本義。孔老夫子要大家「見善如不及，見不善如探湯」，熱水滾燙，豈能以手探之？《西遊記》中提到唐僧師徒，每到一處廟觀，必定有人「擺齋、添湯、換水」。例如第十七回孫悟空大鬧黑風山之際，將師父託付觀音院的僧眾。僧人不敢怠慢，才半日時間，唐僧已經「吃過三次茶湯，兩餐齋」。這裡的茶湯，指的當然是熱茶，而非今天大家口中的青菜豆腐湯之類。

湯、茶兩件事，往往並稱。湯也是一種藥劑，古人侍奉湯藥，多半指拿草藥「煎」過的藥湯，「煎」是用火熬煮。《金瓶梅》中，西門慶到了王婆的店中，先後喝過梅湯、和合湯，還要多放糖，就是以梅湯代茶。中國人早已認識梅子的藥性，漢代張仲景曾製作烏梅丸，治療腸胃寄生蟲。到了宋代，烏梅製成鹵梅水，可以治久咳、反胃、殺蟲。明代以後，更成了民間常用的飲料，至今一般人仍然喜愛酸梅湯，成為大眾飲料。

平民百姓也不能老喝店裡販售的飲品，一般都喝煮沸過的開水。這種習慣，中國大江南北，都是如此。夏天裡，還得將水煮過，放涼，稱做涼白開，既衛生，又安全。飲用熱湯熱水的習慣還挺費錢，一般人家不可能爐上時時有火，那得要多少柴火？但也有解決之道：一般鄉鎮中，凡居民較多之處，都會有「老虎灶」的設置，隨時供應熱水。一般人家臨時需要熱水，便可拿著銅銚買水，泡茶煮湯均可。到了現代，家家戶戶都有熱水器、瓦斯爐，老虎灶逐漸歇業。只有大學宿舍中，還能見到水房，供應熱開水。多年前一部電影《活著》，劇中女主角以燒熱水供居民飲用為業，還保留了老虎灶的記憶，不過現代年輕人恐怕難以理解。

近代以前，西方人不知茶或咖啡為何物，一般人又喝不起酒類、果汁，只能飲用生水，也經常發生消化道疾病。14 世紀以後，歐洲許多地方黑死病橫行，許多人不明就裡，認為有人蓄意下毒，甚至不敢喝井水、河水，只能喝「無根水」。無根水就是雨水，不能常得。孫悟空在《西遊記》第六十九回中指出：「井中河內之水，俱是有根的。我這無根水，乃是天上落下者，不沾地就吃，才叫做無根水。」黑死病就是鼠疫，散布甚廣，卻與飲水無關。當時歐洲人衛生習慣不佳，居家附近老鼠太多，將跳蚤過到人身上，黑死病隨之流行。

歐洲人不飲用開水也是事實。泰晤士河水自古以來便供應倫敦地區居民飲用。但近代以前，並無淨水裝置，居民大多直接取水使用。古代人口簡單時，河川還能有自淨功能。到了近代，人口逐漸增加，一條河經過千家萬戶之後，可就汙濁不堪。據記載，倫敦市一家麵包烤坊緊鄰染坊，出爐的麵包，反映當天染坊使用的色料。當時還有醫生開處方，將泰晤士河水當做「瀉劑」使用，您說嚇不嚇人？

鼎湯初沸

古人沒有冰箱，沒有超市、便利商店，買東西不方便，保存食物也另有法度。日常飲食自然與現代人有些不同。舉例來說：客人進門先奉點茶水，這是古今同，中外同的禮節，但奉啥就有講究。宋代詩人杜耒的〈寒夜〉詩說：「寒夜客來茶當酒，竹爐湯沸火初紅。」臺北故宮博物院收藏一幅明代畫家文徵明的「品茶圖」，畫家自己題詩說是「穀雨乍過茶事好，鼎湯初沸有朋來」，這不管是竹爐小火或是大鼎燒湯，都是燒了開水，準備泡茶待客，算是正辦。但也有客人進門之後先奉湯的作法，讓人覺得新鮮。宋朝人朱彧在《萍洲可談》中就提到：北方的遼國，客人進門後，先上湯，客人要走前，再上茶，跟大宋的規矩正好相反。不過不管宋還是遼，敬湯、敬茶都是標準禮俗。

宋代茶文化已經相當普及，人人喝茶，與現代人喝的茶大同小異，還要講究些。湯

明　文徵明〈品茶圖〉

的學問可就大了，以中藥材製成，冷熱皆宜，朱彧特別說明，湯中一定有甘草，頗為養生。例如宋代流行的鹵梅水一味，便是以烏梅、甘草等材料熬成。流傳至今，即為酸梅湯，還保存了宋代的遺風。

湯既然以藥材熬製而成，自然有養生之效，元代便特重此道，所以養生湯劑名目繁複，效果不一。《飲膳正要》中就記載了五味子湯、仙朮湯、杏霜湯、山藥湯、四和湯、棗薑湯等，都可以當茶喝。例如棗薑湯用生薑、紅棗、甘草、鹽一起炒過，研末後沖水飲用，可以調和脾胃，促進食慾。橘皮醒酲湯顧名思義，可以解宿醉。湯劑養生保健，逐漸發展成各種涼茶，金銀花茶、菊花茶、竹蔗茅根水等。店家各自強調祕方是代代相傳，而且以茶稱之，王老吉涼茶，就是一個成功的例子。

另一方面，茶也可以是種點心，河南武陟的油茶便是，將小麥磨粉後，放入鍋內，小火炒到微微發黃，加上炒過的芝麻、核桃仁、瓜子仁以及牛骨髓油等即成。食用之際，先用涼水調和，再用開水一沖，成為糊狀，即可食用，不僅味道濃郁，營養也豐富。這種作法在漢代已經相當普遍，稱「膏湯枳殼茶」；宋代則有粥茶說法。現代開封夜市中仍保有許多宋代宮廷小吃，販售各種油茶，加上各種果仁、果脯，亦粥亦茶，足以點心。

小時候讀《戰國策》「觸龍說趙太后」一節，印象深刻。觸龍求見趙太后，討論要以世子為人質，請齊國出兵相助，怕碰釘子，就先以話家常起頭。先問問趙太后胃口如何，說「日食飲得無衰乎？」趙太后表示胃口不佳，只能「恃鬻耳」。觸龍建議要多運動，可以開胃，說「強步，日三、四里，少益嗜食，和於身也。」趙太后如果光吃粥，何以「和於身」？無論是大米或小米粥，一定得加多樣的食材才行，應與武陟油茶相去不遠才是。將穀類炒熟，體積膨脹，稱為炒米，調味後食用，與油茶無異，各地均有。浙西人民稱炒米為「凍米」，加糖的凍米茶是款待客人的必備點心。客家族群也有擂茶，將茶、芝麻、花生、小米等食材，放入大陶缽中，用小杵慢慢「擂」（研磨）成糊狀，沖上開水，即成一缽味道香濃的擂茶，既是茶水，也是點心，頗受歡迎。的確，湯可以是藥物、飲品，茶自然也可以是點心，兩者差別原本就不大，加上中國人講究醫食同源，用食物飲品養生治病，誰曰不宜。

古人喜歡喝茶，也有衛生的好處，喝煮開過的水，腸胃不鬧病，自然健康。唐代，飲茶之風已經普遍，唐代李肇寫過《唐國史補》，記載各種逸聞。說到河南鞏縣有許多製作陶偶的商家，專門製作磁製小人偶，說是陸鴻漸，當做買茶客人的贈品，頗有今日促銷的手法。只要買幾十個茶壺，便會搭送一個小偶人。一般茶店中，只要生意清淡時，商家便以茶澆灌，祈求客人上門。這種作法到宋代仍有，所以歐陽脩在跋《集古錄》時提到：臨安城中仍有以茶沃偶人，以祝其利市的習俗。當時人喜歡在茶肆喝茶，所費不多，非常方便，又安全，難怪大家喜歡。比起來，在家中要喝口熱茶，全靠紅泥小火爐，得費多大功夫？花費多少柴火？

古代冰品並不普及，甜品不多，依現代人的標準看，相當養生。20世紀以後，碳酸飲料普及，商店中汽水、可樂或珍珠奶茶大行其道。客人一至，立刻涼飲招待，便則便矣，卻少了「寒夜客來茶當酒」的瀟灑與從容。

飲茶中國

飲茶文化始於中國，殆無疑義，但中國人究竟什麼時候開始飲茶，可就眾說紛紜。神農嘗百草，以茶解毒之事，姑妄聽之可以，要當做最早喝茶的證據，千萬不行。不過也不用擔心，文獻記載，西漢時，茶葉已經是一種重要商品，有專人往來四川買賣茶葉。西元前 1 世紀，漢宣帝甚為賞識的文學名家王褒對付一個狡僕，立下「僮約」，規定他得做各種家事，伐木製舟外，還得「牽犬販鵝，武都買荼」，武都為今日之四川彭山縣，自古以來便是有名的茶市，說明西漢時期，中國已有喝茶的習俗，算來也有兩千多年歷史。不過，這種習俗不是所有人都能消受。4 世紀時的王濛，書法甚佳，連王羲之都稱譽有加；長得也俊，據說去買帽子時，許多售貨大娘看了都喜歡，爭相奉送。不過史書特別記載：王濛好飲茶，一有訪客，就要殷勤奉茶，弄得大家要拜訪王濛時，都擔心遭到水患（水厄）。

南北朝時期的王肅生活於 5 世紀後期，原本在南齊任職，因父親為皇帝所殺，憤而投敵，在北魏孝文帝手下任官，頗得器重。王肅原本居住在建康（南京），遷居洛陽後，仍保持南方的生活習慣，「初入國，不食羊肉及酪漿等物，常飯鯽魚羹，渴飲茗汁」。洛陽的士子對王肅喝茶之事，頗感驚奇，說他像一個破杯子（漏卮），喝茶沒有底。王肅一位同事劉縞對飲茶一道也有興趣，希望效法王肅茗飲，卻遭人恥笑，說劉縞不喜歡王侯所用的八珍，偏喜歡奴僕的茶飲，不是「逐臭之夫」，也是「東施效顰」。從此，洛陽朝貴宴會，多半不備茗茶，即便預備了，也沒有人願意飲用，「唯江表（江南）殘民遠來降者好之」。

游牧民族學習漢人飲食，得花上一段時間，但漢人生活圈中，茗茶必不可少，尤其到了南宋，飲茶之風盛行。南宋國都臨安（杭州）正是產茶之地，就家家戶戶都要喝茶。著名詩人楊萬里是出了名的嗜茶，他填過一闋〈武陵春〉，序中先說：「老夫茗飲小過，遂得氣疾，終夕越吟」，詞裡也有「舊賜龍團（茶餅）新作祟，頻啜得中寒」的說法，多半是因為茶喝多了失眠。

臨安城中有一千多家茶肆，不完全因為臨安居民喜歡喝茶，要真喜歡喝茶，可以在家喝，用不著上茶館。上茶館，必然有其他理由。南宋從西元 1127 年起立國於臨安，稱為「行在」，一共一百五十二年。統治地區大約包括四川、湖北以下的華中、華南地區，人口不少，政務也相當繁忙，各地方官員經常前往臨安公幹，所以臨安城中飲食與旅館業都相當發達。陸游〈臨安春雨初霽〉詩云：「世味年來薄似紗，誰令騎馬客京華？小樓一夜聽春雨，深巷明朝賣杏花。矮紙斜行閑作草，晴窗細乳戲分茶。素衣莫起風塵歎，猶及清明可到家。」詩人赴京公幹，分外想家。不過客邸無聊，得找地方喝茶，打聽一下世道，茶館就是最佳場所。就像維也納、巴黎等大城市，

〈清明上河圖〉中的宋代茶館

到處都有咖啡館，同樣一個道理；如今北京、上海也不遑多讓。

不過話說回頭，這些大都市裡的咖啡館，難道都是給外來客人使用？其實不然，本地人沒事也要上咖啡館，臨安城中的茶館顯然也為本地人而設。古人活動範圍不大，除了行旅，一般人沒有路走累了上茶館休息的必要。找人說事，商家買賣，倒是可以在茶館中進行；茶館還兼營賣水的生意。中國人自古以來就不飲生水，這種習慣甚好，不過就是得花點錢。一般人燒完飯，順帶煮一鍋開水，一整天可以喝到涼白開，但是喝茶得有熱水。家裡不可能隨時有熱灶，要熱水，得到附近供應熱水的茶肆購買，拿個容器，一罐熱水值不了幾文，要不乾脆就在店裡喝，還可以閒話家常，交換信息。茶館功能一直到最近還存在，老舍寫《茶館》，說茶館「賣茶，也賣簡單的點心與飯菜。遛夠了畫眉、黃鳥等之後，要到這裡歇歇腿，喝喝茶。商議事情的，說媒拉縴的，也到這裡來。有朋友出頭給雙方調解；調人東說西說，喝碗茶，吃碗爛肉麵，就可以化干戈為玉帛。總之，有事無事都可以來坐半天」。

近二十年來，茶館式微，城市之中到處都是咖啡館，上咖啡館倒不是為了歇腿、講事情，也不是為了喝杯茶解渴。每個人弄上一杯咖啡，各自劃動手機、用電腦，跟遠方人講得眉飛色舞，對面座的是誰，倒沒有人在意，可大家都心安理得。

古埃及的啤酒

釀酒的原理十分簡單，自古以來，都是將大麥、小麥或燕麥等穀物浸水發芽，再碾碎、加熱，讓麥芽產生的酶將澱粉糖化。麥芽糖液再經過濾、熬煮、冷卻，添加酵母菌。酵母把麥芽糖分解成酒精和二氧化碳，不消幾天，發酵完成，便是啤酒，可供享用。如果把小麥換成大米，成了米酒，製法相去無幾，不需要太多高深理論。

中文「糱」字，《說文解字》解釋成「牙米」，就是發了芽的米，拿發了芽的米煮熟了，加入麴，就可以釀製酒，「麴糱」二字，也把用米釀酒的工序說得很清楚。非洲許多部落，拿穀物或樹薯之類含澱粉的植物釀酒，熬煮、加酵母，很快就可以發酵成酒。除了敬神，也可與族人同樂。古人經由實際生活經驗，早早就會釀酒飲用，不過誰也說不上來最早發明製酒的人是誰。

研究上古時代的飲食並不容易，最簡單的原因是缺乏文獻紀錄。拿啤酒來說，西亞兩河流域形成的肥沃月彎是穀類栽培的起源地，照講，這裡應當也是釀造啤酒的發源地。考古學者也相信蘇美人、亞述人都會釀造啤酒，還從距今大約四千年的巴比倫人寫的《漢摩拉比法典》中找到有關啤酒的相關說明，可是誰也看不出來如何釀造啤酒。倒是非洲尼羅河流域的埃及，歷史悠久，文化發達，留下許多文書與圖像，世人也就多了解一些古埃及人的生活方式。

埃及人喜愛啤酒，經常在金字塔墓室的壁畫中表現有關啤酒的主題，從製作到飲用，相當生動。後世的學者及釀酒專家不需要懂得象形文字，一看就能明白埃及人如何釀酒。例如距今約四千年前有一位孟圖霍特普二世 (Nebhotepre Mentuhotep II) 法老，他的墓室中留下許多陪葬品，包括許多木偶，勾勒出當時日常生活及工作場景，其中有個啤酒作坊，蒸煮穀物，如何冷卻、發酵的工序，一應俱全，再輔以其他圖像，讓我們清楚了解埃及人製作啤酒的工藝。

古埃及釀啤酒的木像

埃及雖然盛產穀物，但多外銷，真正留在埃及的穀類有限，一旦穀類用於製作啤酒，主食的供應自然受到影響。而古埃及人，無分貴賤，均以啤酒為主要飲料，甚至將啤酒視為食物，埃及平民百姓的主食就是啤酒、洋蔥，加上魚乾，湊合就是一頓，正與德國人「啤酒是液體麵包」如出一轍。啤酒既是大家日常生活所需，市場自然廣大，啤酒釀造商獲利豐厚，法老便將釀造啤酒的特權收歸國有，只有與統治者有關係的大企業家或祭司才有釀酒特許，想來也都富可敵國。

酒類專賣不是埃及的獨特制度，古代許多政府都曾採行，著眼也就在於龐大的利益。兩千年前，漢民族經常與匈奴發生衝突，國家度支無法平衡，必須不斷尋求稅源，為政者自然會想到徵收酒稅。《漢書》記載，武帝時「師旅之費，不可勝計，至於用度不足，以榷酒酤」。榷的原意是「水上橫木，所以渡者也」，一條木板橫在水面，一回當然只有一個人可以通行，引申為專賣。榷酒酤，就是酒類專賣獨占。從天漢三年（西元前 98 年）起，朝廷就控制釀酒與銷售，不許私人釀、酤。如此作法當然引起百姓的議論，武帝死後，榷酒酤也無以為繼，他兒子（昭帝）即位之後，在西元前 81 年開了一次「鹽鐵會議」，大家商量經濟大政。鹽鐵會議後，政府取消榷酒酤，改徵酒稅，算是功德一件，也說明酒在日常民生的重要。

中國歷來都注重飲水衛生，習慣喝開水，喝酒純屬享樂，不喝也不致引發大問題。但是許多地方不懂得開水的道理，喝生水鬧病。而穀物發酵，產生酒精，可以殺菌，因此古埃及人喝啤酒，便是相對安全的飲料。如果啤酒成了重要的民生物資，主政者自然不敢隨意徵稅；他們也明白，就連提高售價，都要引起民變。

西元前三百多年，埃及王朝沒落，亞歷山大率兵征服此地，但是亞歷山大英年早逝，這塊富饒之地便遭其部將瓜分，托勒密原任埃及總督，控制了今天的埃及與敘利亞之地，建立王朝。起初，王朝也沒敢徵收啤酒稅。直到羅馬帝國興起，政治勢力滲透到托勒密王朝，著名的克麗奧佩脫拉 (Cleopatra) 才開始引進羅馬制度，開徵啤酒稅。克麗奧佩脫拉有「埃及豔后」之稱，這個說法並不準確，她是皇帝之女，先與其父共治天下，後根據埃及傳統，與其弟結婚，但兩人矛盾重重。克麗奧佩脫拉與凱撒有糾葛，後又與羅馬大將安東尼如膠似漆，生了好幾個孩子。最後，屋大維兵臨城下，克麗奧佩脫拉自殺而死，算是亡國之君。

克麗奧佩脫拉不把徵啤酒稅當做妨礙民生，可能與希臘人的飲食習慣有關。希臘人在埃及建立王朝，雖然尊重當地制度，但希臘人並不喜歡啤酒，只有葡萄酒才對胃。所以上層社會喝葡萄酒，平民百姓仍以啤酒為主要飲料。克麗奧佩脫拉為馬其頓後裔，不把啤酒當做正經事，徵稅又有何妨？只是她的國家並非亡於啤酒稅，而是亡於羅馬帝國貪圖埃及的富饒。

19 世紀法國畫家傑洛姆所繪〈克麗奧佩脫拉與凱薩〉

古人為何要喝酒？

讀史的時候，常注意到古人好酒，埃及人喝，希臘人也喝；商人喝，周人也喝。在家喝，出門喝；幾個人一塊喝，自己獨處時，還是喝。考古發掘顯示，古人好酒，源自祖輩。歐、亞、美、非各洲，各地文化遺址普遍留下先民釀酒喝酒的證據。無論穀物、水果、麵包或是蜂蜜，都可以釀酒，風味雖然不同，飲者都能樂在其中，還說出「三杯通大道」、「酒中有真理」的名言。喝酒是否能喝出真理，我們不太清楚，喝酒要比喝水安全，倒是事實。

飲食的主要目的在於維生，如果飲食不潔淨，腸胃不適，豈不是未蒙其利，先受其害？醫學專家就教人寧可少吃飯，情願多喝水。食物衛生的前提是安全的飲水，殆無疑義。當今市面上充斥商家整治的飲料，礦泉水、蒸餾水，各種可樂、汽水與果汁都有。也許有人要批評包裝飲料不符環保原則，不過多能達到衛生要求，不致危害腸胃。當然，長期攝取過多糖分，造成其他健康問題，另做別論。古人可就沒有這麼多選擇，要是不喝開水，就得喝生水。開水耗柴火、挺費錢，生水則暗藏凶險，一不小心，就招致河魚之疾。

鬧肚子也有說法，佛教律藏認為一缽水中含有八萬四千個蟲，飲水之前，得先唸誦幾回淨水咒，超渡水中生靈，一方面圖個安心，一方面也希望保健。且不說到底一缽水有多少蟲，持咒淨水當然不能殺菌。如何解決飲水安全是古今中外必須面對的課題，各地也都有因應之道。

九千年前，西亞地區的居民讓麥子發芽，兌水後加入酒麴，釀成啤酒。酒精可以殺菌，啤酒的確是安全的飲料，至於這種古代啤酒的味道如何，只能從遺址中的蛛絲馬跡去發揮無限想像。倒是六千多年前古埃及人的釀酒工藝還流傳至今：先把麵包浸泡水中，加入水果、香料，俟其發酵，啤酒於焉問世。英國與澳洲的啤酒廠還曾如法炮製，推出「恢復古埃及」啤酒，卻沒有幾個勇於嘗新者表示喜歡。

中古時期，歐洲人口增加，居住環境日益擁擠，飲水受到嚴重汙染，人們更得依賴啤酒補充水分。美國學者曾經從公園的水池取水釀酒。據信，這種水質大約與中古時期城市居民使用的水質相當，不僅充滿各種細菌與寄生蟲，顏色氣味都令人擔憂。但這種池水釀成的啤酒卻是清澈、無菌。學者證明安全無虞後，還找些不知情的人士試喝，反應挺好。這個實驗可說明中古時期的人們還是喝啤酒安全些，正因如此，啤酒一直是古代歐洲的主要飲品。據估計，當時每人每年可以喝掉三百公升啤酒。許多受薪階級每天可以分配兩三公升的啤酒，「薪水」一詞，算是名實相符。

時至今日，歐洲人飲啤酒之風並未稍戢，捷克平均每人每年消費一百六十公升；德國人每人每年喝掉一百一十公升。歐洲各地幾乎每個城鎮都有釀酒廠，光是德國，就有一千三百多家，產量是世界第一。德語還稱啤酒為「液態麵包」，成心把啤酒當成涼白開。記得在德國念書時，眼見德國建築工人，每天清晨上工，都帶上六罐啤酒，邊幹活邊喝，不到一會便「瓶之罄矣」。中午時分，吃過自備的麵包，再買六罐啤酒，要不然下午就沒精神。晚上回家後，自然不會閒著，邊看電視還得邊喝著，一天要消耗個五、六公升，不是問題。

酒除了是相對安全的飲品外，也讓人產生愉悅之感，所以古人給了它許多好聽的名稱，有人說是「千歲藥」，喝了延年益壽，有人說是「掃愁帚」、「銷憂藥」，曹操說：「何以解憂，唯有杜康」，正是此意。還有人認為喝酒可以讓文思如湧泉，蘇軾就稱酒為「釣詩鉤」。

喝酒雖然可以解決飲水安全問題，也有助文思，但喝多了總會影響健康，影響生活，甚至影響穀物供應。古代為政者多不贊成飲酒，甚或下令禁止。周公就曾禁止百姓聚眾飲酒，威脅將聚飲者處以極刑，還要求官員不得縱放。要有興趣了解這段故事，何妨看看《尚書》的〈酒誥〉一文。

阿拉伯人原本也喜歡喝酒，喝醉之後不免要說些胡話，做些渾事，讓先知穆罕默德十分不悅，指責「飲酒、賭博、拜像、求籤都是穢行，是惡魔所為，故當遠離」。時至今日，穆斯林仍是謹守訓導，不喝酒。美國也實施過一段長時期的禁酒令，但戒酒並不容易，政府越禁，私釀者就越有機會，不過經濟活動得轉入地下，偷偷摸摸交易，私釀者就用「月光」(moonshine) 稱呼這種特殊商品，英文語彙又豐富一些。

如何喝酒？

現當今，世人都喜歡說：世界是平的，這句話可以包含許多意思，但也點出一個非常大的問題。因為資訊發達，咱們對世界上發生的大小事都能即時知道，還可以說上兩句，表現出世界公民的態度。能知道世界各地如何如何，當然不是壞事，可就少了些歷史縱深，以為歐洲打起頭就有民主政治，美國人都穿牛仔褲。在飲食方面，也是如此。有些禮儀專家，鎮日拿著「紅酒就紅肉、白酒就魚」的說事，還能告訴您該怎麼舉杯，怎麼喝，似乎西方餐桌上向來擺著牛排、冰淇淋；紳士、淑女們天天都在燭光下進餐、喝酒。

咱們就先拿酒來說吧：20 世紀以前，西方人能喝得起酒的人不多，喝得起好酒的更少。平民百姓只能弄點琴酒 (gin) 或是伏特加 (vodka) 之類的劣質蒸餾酒解癮；情況稍微好點的，可以弄點紅酒、白酒，但是都兌上水，倒不是避免過量，而是可以省點酒，久而久之，大家也就習慣紅酒的酒精濃度並不高。16 世紀末，法國著名學者蒙田接受羅馬教廷頒授的榮譽證書，不辭千里跋涉，經過法、德邊境，穿過瑞士、奧地利，前往義大利。他一路上記載了所見所聞，寫成《義大利遊記》，讓現代人可以認識當時的生活狀況。他提起：瑞士巴賽爾 (Basel) 人喝酒從不加水，這麼做有他們的道理，巴賽爾酒的濃度顯然不高，即便與摻了水的法國酒相比，依然不夠勁，他甚至用「淡而無味」形容巴賽爾產的酒。在奧地利茵斯布魯克

(Innsbruck) 城中，蒙田獲得當地的侯爵及樞機主教兄弟兩人接見，一起用餐。蒙田特別提到主教的酒內摻了很多水，說明喝酒兌水是當時普遍的行為，摻水不奇怪，但摻了太多水，就引人注意。

再說到酒器，現代人講究紅酒、白酒各有杯具。蒙田記載：當時（16 世紀）德法各地都使用銀製杯具喝酒，只有在溫泉水療時，因為水裡含有不同化學物質，銀器容易變色，才改用玻璃杯接水喝。不過蒙田是貴族，可以出入禁中，可與王室交往，前往瑞士、奧地利之際，也是「談笑有鴻儒，往來無白丁」。要是一般人，能使得上銀器？當時也使不起遠從中國進口的瓷器，還不是拿個陶杯子對付。

使用陶杯喝紅酒倒也平常，古希臘人、羅馬人都使陶杯子，從沒有人嫌這樣喝酒喝不出味道。能使得起銀器的人，也只有在適當時機才拿出來擺擺譜，平常不見得捨得使，倒不是怕銀器壞，而是不好保養，用一回得好好擦一回，不然馬上發黑。一直到 18 世紀以後，手工切割的水晶玻璃杯才成為上流社會與殷實富商的日常餐具。這種水晶玻璃含鉛量高，不僅沉，發出的聲響也特別清脆，如果是名家手藝，還是炫富的好工具。捷克布拉格、義大利威尼斯等地，名匠聚集，至今仍是玻璃工藝的重鎮。

到了 19 世紀以後，歐洲許多人生活有敷餘，開始講究吃喝，紅酒不但不摻水，還得講究器皿，什麼酒該使什麼容器，都得講究。所以今天歐洲各個重要產酒地的酒杯都有講究、各有訴求，商家都絞盡心血，宣傳自家釀酒的特色，還搭上特別設計的酒杯，以求把酒的色澤與香氣發揮得淋漓盡致。法國亞爾薩斯多產白酒，杯子以綠腳襯托其微黃的酒色，比起勃根地的紅酒杯，尺寸小了許多。西班牙的利歐赫 (Rioja) 產紅酒，當地酒杯做成鬱金香形狀，也要比勃根地的圓肚酒杯小上一號。

今天歐洲各個產酒地的酒杯都有講究，不同的酒使不同的杯具

不過喝酒也不一定要高腳杯，德法產酒區在新酒上市時，都會舉辦品嘗會，參加者熙來攘往，沒法使高腳杯，都拿一個一百毫升的小玻璃杯，您能說這不合規矩？

講到規矩，禮儀專家還專教人如何使用刀叉杯具，講得頭頭是道。可是咱們看看歐美的現實：美國人吃牛排，先把牛肉切成小塊，放下刀子，改用右手，叉而食之。歐洲人就不以為然，認為這樣會使肉汁流失，真要這麼切塊再吃，不如讓廚子直接切好端上，豈不省事？所以歐洲人都是邊吃邊切。據說二次大戰期間，德國人要區別歐洲人與美國間諜，在餐廳觀察即可。歐洲人雖然都這麼吃牛排，可是吃燉豌豆或米飯時，要不要翻轉叉子面，又有不同看法。英國人不轉叉面，一個一個的叉著吃，德國人就把叉面一翻，像鏟子一般，把米飯豆子都舀到嘴裡，速度快些，這可能跟刀叉流行時，英國還有王室作為典範，德國進入共和時期，平民百姓可自己當家作主有關。

蜜　酒

蜜蜂採集開花植物的花蜜，經過轉化酶作用，釀成蜂蜜。蜂蜜富含葡萄糖及果糖，是人類最早的甜味來源，自古以來，各地人類都會採集、食用。古人所說的甜如蜜、口蜜腹劍，都說明古人對蜂蜜的認識從甜味開始。

蜂蜜除了食用和調味以外，還可以釀製蜜酒。自古以來，歐洲、非洲與亞洲許多地方都能製作蜜酒。無論印度《吠陀經》、埃及墓室的壁畫還是希臘經典，都提到蜜酒。亞里斯多德 (Aristotle, 384–322 BC) 的《天象論》(*Meteorologica*) 就是例證。羅馬人繼承希臘文化並發揚光大，飲饌方面也是如此。老普里尼 (Pliny the Elder, 23–79) 在《自然史》(*Naturalis Historia*) 書中提到蜜酒 (militates)，還特別指出：這種蜜酒並非一般人把葡萄酒加蜂蜜飲用，或是「蜂蜜調酒」，而是拿蜂蜜兌水，發酵而成。柯魯梅拉 (Columella) 出生於伊比利半島，大約與普里尼同時。他寫了一本《論農事》(*De re rustica*)，當中記載西班牙地區製作蜜酒的方法：取保存數年的雨水半公升，兌上三百三十公克蜂蜜，放入陶器中，在太陽下曝晒四十天，再放到靠近爐火的架上，即成。柯魯梅拉特別補充說明，要是沒有陳年雨水，煮沸過的泉水也可以。這種製法不添加酵母菌，無法掌握菌種，全憑天斷，釀出的酒味，自然沒個準，不過大家可以明白釀造蜜酒實在沒有太大的學問。

正因為釀製蜜酒不需要尖端科技，所以從非洲到歐洲，只要能採集足夠的蜂蜜，就能釀造蜜酒。不過蜜酒是否流行，還得看各地文化。希臘人愛喝葡萄酒，羅馬人也熱中於種葡萄釀酒，對蜜酒並不在意。

天下還沒有不抽稅的政府，晒鹽要抽稅、種地要抽稅，就連釀酒也得抽稅。漢代的《鹽鐵論》討論鹽、鐵、酒如何專賣。不單是抽稅，政府還要自己生產，做獨門生意。漢朝廷竟曾經實施「榷酒酤」，壟斷酒類產銷。以後各朝各代都有「榷酒錢」，都是政府重要收入來源。與民爭利不免讓皇帝有些不好意思，宋真宗在景德二年（1005 年）特別下詔，「毋增榷」（不增加酒稅），制置使也不得兼領酒榷（不得與民爭利），可見皇帝還是能體恤民生。

葡萄酒、啤酒抽稅時都有所本，依穀子的使用量或根據葡萄莊園的生產面積徵稅，也算公道。但是蜜酒如何抽稅，可是個不大不小的問題。

商人買賣蜂蜜，不能限制人家只做糕點，不得釀酒。就算買了蜂蜜要釀酒，可是缺乏證據，自然不能抽酒稅。因此各地的蜜酒多能免稅，價格也可以便宜一些，但蜜酒不耐久放，不容易運銷。城市之中，蜂蜜有限，用途又廣，可以用來造酒的蜂蜜有限，蜜酒售價又高不了，要商業化量產並不容易，一般人還真沒有興趣經營蜜酒。這也是蜜酒不能普及的重要原因。

倒是各地修道院常生產蜜酒，自用、出售皆可。英格蘭最北部諾森伯蘭 (Northumberland) 郡海邊有個小島林迪斯法恩 (Lindisfarne)，6、7 世紀時，有幾位愛爾蘭來的修士在此建立教堂，宣揚基督教，算是克爾特人聖地。當地生活條件甚差，就是盛產蜂蜜，修道院便生產蜜酒，相當出名。8 世紀時，維京人經常到此洗劫，沒事還把修道院給毀了。大約在這時候，英格蘭出現一部古英語寫成的敘事長詩《貝奧武夫》(*Beowulf*)，以斯堪地納維亞半島為背景，記載各種英雄人物，算是英語文學中的重要經典，後來的小說《魔戒》也脫胎於此。《貝奧武夫》與《魔戒》兩書中經常提到蜜酒，應當是反映當時林迪斯法恩的情況。

中國也釀造蜜酒，說是從周代就有，但比較明確的描述要到宋代才出現。蘇東坡〈蜜酒歌〉中說他從四川楊道士處得到釀酒方，讚嘆「南園採花蜂似雨，天教釀酒醉先生」。根據蘇東坡所載，蜜酒以蜂蜜為材料，「蜂為耕耘花作米」，大約只需發酵三天，頭一天產生小泡沫如「魚吐沫」，第二天泡沫漸消，開始清澄，有如「清光活」，「三日開甕香滿城」。更因為蜜酒以蜂蜜為原料，不耗米穀，不妨礙民生，蘇東坡因此強調「蜜蜂大勝監河侯」。這裡「監河侯」用了「莊周家貧，故往貸粟于監河侯」的典故。

釀造蜜酒並非難事，但中國有關蜜酒的記載並不多，而且集中於宋代以後，不免要費人猜疑。宋代有一部《群書類要事林廣記》，簡稱《事林廣記》，算是「民間類書」，拿現在的說法，就是日用百科全書。書中記載「蜂蜜酒」製法：「蜜四斤加水九升，同煑，除掉浮沫後，加上麴四兩、酵一兩，用大紙七重封之，再以大針刺十餘孔。每日去一重紙，七日酒成。」製法既然印到類書之中，根本沒有「商業機密」可言，蘇東坡卻要扯上道士的「心法密傳」，未免有故弄玄虛之嫌。不過蜜酒未能盛行，追根究柢，還是無法大量行銷，獲利有限，所以許多人沒有興趣。

切　肉

每回上西餐館子吃飯，最不耐煩的是牛排，只見每個人手持刀叉，面對一塊不時滲透點血水的牛肉，沙朗也好，菲力也罷，外表看起來雖然有點焦，裡頭還透著涼，這樣的吃法，跟數十萬年前的原始人相去不遠。心想：既然是上館子吃飯，為啥不能給客人整得方便些？咱們老祖宗花了多少功夫，才脫離這種茹毛飲血的生活，怎麼又走回頭路？這種滲著血水的吃法，不過是最近幾十年肉品供應充足以後才有的事，古人可不見得這麼吃飯。

文明發達以後，食物都在廚房中準備。該切的切，該割的割，雖圖不上豐盛二字，可是必然得圖方便，哪裡需要端到桌上才磨刀霍霍？尤其在餐桌上使刀具，更是聞所未聞。西方人從古埃及時期開始，都是用手直接取食，毋須餐具，或者這麼說吧：手就是最好的餐具。希臘和羅馬的貴族階級及有錢商人，沒事便是吃喝玩樂，共浴共食也是社交活動。用餐時，只見餐廳中擺上幾張長椅，大夥或躺、或趴，邊吃邊聊。備餐時，不僅食物不能帶湯汁，還得注意尺寸，以方便直接入口為原則。羅馬人還雇用特別的「切工」(scissor)，切肉、擺盤，以便上桌。日耳曼人進入羅馬帝國西部，控制西歐及中歐地區，不再躺著進餐，可也還把食物切成小片，供人取用，這種飲食方式一直延續到中古時期。

14 世紀，法國貝里公爵約翰 (Jean Ier de Berry, 1340–1416) 家世

顯赫，父親是國王約翰二世，後有兄長繼承王位，他則過著太平日子。貝里公爵請了著名畫家替他繪製許多行樂圖，裝訂成冊，成為後人了解中世紀法國貴族生活的重要資料。畫冊中有一幅描述約翰邀請幾位貴族、主教朋友到家中歡慶新年的圖像：只見宴會時，侍從將所有燒烤肉品切好上桌，沒見到任何餐具，不論賓主，一律用手取食。

描繪法國貝里公爵宴飲的畫

看似簡單，處理肉品可是專門學問。中古時期，貴族都得聘請專人處理宴客所需肉品，稱為「片匠」(trancheur)。這個工作可不容小覷，要是未經訓練，誰能將熟肉片得大小一致，厚薄相同？片匠雖不像明代帶刀侍衛那樣威武，必然也得是親信，才能帶著刀在貴族面前比劃。有些西歐封建領主甚至將片肉視為貴族養成教育中的重要環節，要自己後代擔任侍從 (page)，在騎士養成訓練期間，學習如何片肉。

近代以後，肉還是照吃，但沒有侍從負責切肉，西方廚房中，都得買個電動切肉刀 (carver)，一插上電，切得可美，一到耶誕節，家家戶戶烤火雞，準能派上用場。不過許多體面人家在家中宴客，主人還喜歡小露一手片肉功夫，以示自家身分高貴，祖輩曾經給公侯將相片過肉。

日本明治維新以前，除了青菜、穀類以外，便是魚類及飛禽。飲食之際，都是由廚子切成小塊，便於取食。日本人吃壽司，一口一貫（壽司的量詞），燒烤雞肉，一塊塊叉在竹籤上，都挺方便。印度人不管吃米、吃餅，食物也都用手處理，不需工具。只見撕擼搏揉，瞬間形成小團狀，隨即入口。中國人雖使筷子，做飯時也還是先將食材切成小塊，便於烹煮。

中國本就有些講究刀工的菜色，有膾有臠。「膾」是「細切肉也」，無論魚、肉，都切成薄片，沾醬而食；把肉切成塊，稱為「臠割」。東晉第一位皇帝司馬睿，大權旁落王導和王敦，日子並不好過。《晉書・謝混傳》記載：晉元帝初到建業時，公私窘罄，能夠弄口小豬，就算是可以打打牙祭。他愛吃小豬脖子上的肉，臣下也特別給他留下這一塊肉，切成小塊，從此中國語言裡就多了「禁臠」這一詞。許多人不知其意，說某人是某人的禁臠，不見得恰當。

咱老說切割要大小適中，這「中」字如何取決，可就見仁見智。食物如何上桌，與食物功能有關。祭祀的時候，可千萬不能把食物切得太小，免得神祇、祖靈覺得心意不誠，所以供品都是大塊文章，全豬全羊。祭祀之後，大家才分一塊胙肉回家，該切該割，各顯本事。二次加工時，最簡單的方法就是切成薄片，沾著醬吃。中國各地都有類似的作法，其中以滿族的作法最有趣：祭祀牲口拿白水煮過，不調味就整個上桌，大夥一塊吃「跳神肉」，每個人都拿出隨身小刀，自片自食。這時候，就顯出手段高下，刀工好，能將肉割成紙片般薄，肥瘦兼有，味道自然好；不善用刀者自然露怯。最好的辦法，還是先切成薄片，大家方便，此所以雲南有大薄片，四川有蒜泥白肉，臺灣有三層肉這些家常菜餚，都是吃胙肉的遺意，也說明肉先切割，才是正辦。

食物保鮮

食物安全是人類飲食發展的重要課題，烹調食物時，除了講究營養、衛生、美味之外，還得注意如何保鮮，以免「色惡」(顏色不佳)、「臭惡」(氣味難聞)，禍從口入。現代食品多來自工廠，不是冷凍，便是裝成罐頭，大概都要添加苯甲酸、山梨酸之類的防腐劑，方能保持三、五個月不壞。醫學界雖然不斷提醒社會大眾注意攝入防腐食品可能產生的後果，可廠商沒少放，大家也還吃得津津有味。茲事雖然體大，卻不是本文的重點。此處只探討古人如何保存食物，也許可以給現代人一些啟示。

自古以來，食鹽既是調味料，也用於保存食品，實屬民生必需。許多不產鹽的地區，得花大價錢購買。無論肉品、蔬菜，都用食鹽防腐，火腿、臘肉、蘿蔔乾、豆腐乳都是現成例子。以鹽醃製的食品還可提供一部分人體所需的鹽分，所以東陽火腿、宣威火腿暢銷各地。西方的鹹魚也有類似功能，早在兩千多年以前，迦太基商人已在地中海地區販售鹹魚乾，歐洲其他地方也都有鹹魚貿易紀錄。北歐有豐富的漁場，中古時期，漁民將鯷魚等小型魚類以鹽巴稍微醃製後，立即銷售西歐各地。這些鹹魚只經過簡易地處理，內臟未除，極易腐敗，鹹魚的味道因此欠佳，但因為富含鹽分，口味重，頗受缺鹽地區人民的喜愛。農民就把鹹魚當成調味料，放入食物中，比買鹽還划算。德國黑森林地區地處內陸，又不產岩鹽，食鹽全靠進口，價格昂貴。農民醃製肉品時，鹽巴往往下得不足，必須輔以煙燻法，利用柴火不完全燃燒產生的碳粒，把鹹肉氣孔封住，阻斷食品與空氣接觸。這樣，火腿、鹹肉都能放個兩三年。

如果食物不需要長期保存，也有其他較省事的法子，無論醋泡、油浸或是蜜漬，都是相當常見的方法。許多地區還有油封之法，也簡便可行。《紅樓夢》提到劉姥姥在賈府中大開眼界，吃了許多平素沒見過的東西，茄鯗便是一例：新鮮茄子去皮，切丁，用雞油炸過，另將雞胸肉、香菌、新筍、蘑菇、五香腐干都切丁，加上各色乾果，一起用雞湯煨燉、收乾、待涼，再拌上香油、糟油，盛在瓷罐子裡封存，就成了這道茄鯗，可保十天半個月不壞。這種辦法，民間也實際運用。幾年前，回到豫南大城信陽老家探親，便曾見識農民的智慧。

信陽地區農民醃製臘肉的本事一流，農民生活一旦稍有敷餘，便要醃製臘肉，以備隨時改善生活。逢年、過節，家家戶戶會把鮮肉、臘肉與白蘿蔔放在陶罐中，小火慢燉，火候足時，滋味自然鮮美。臘肉多為農家自製，與各地作法相似：取五花肉等油脂較多部位，抹上鹽巴，風乾晾晒，數日便可製成。信陽地區還有一種油封鹹肉，相當實用。農民將豬板油切丁，煉製成豬油，置於陶罐之中，再將臘肉以低溫熯熟，一併置於油罐中。臘肉因與空氣隔絕，放個三、五個月，絕不會有孔老夫子所說「魚餒而肉敗」之虞。一旦遇有不速之客，又無市集，油封臘肉便可派上用場。或切塊燉湯，或切片炒菜，頓時菜香四溢，賓主盡歡，既實用，又不費事。

這種油封的作法，與法國南部地區著名菜色「油封鴨肉」(confit de canard) 有異曲同工之妙。法國農民將鴨肉、豬肉等食材先

以食鹽、月桂葉、胡椒等香料醃製幾天，再用油脂低溫煎過，熟透後保存於陶罐中，可以經月不壞。或直接取食，或拿小火再煎過，皮酥肉嫩，滋味絕非一般。農民也將兔子、豬肉等食材燉爛，放入大量油脂，一同置於罐中保存，用法與信陽的油封臘肉差不多。

油封鴨

德國東部地區農民也喜歡製作「油燉肉」(Pottsuse)：將豬肩、頸部位的下肉，用洋蔥、月桂葉、胡椒、迷迭香等調味後，連皮帶肉，燉煮到酥爛，再置入罐中保存。因為有大量油脂覆蓋其上，可以長期保存。

近代以前，歐洲人每週一定進教堂，接受神職人員訓誨以後，自覺心清氣爽，回家可以打打牙祭，慰勞自己，即便只是弄兩塊麵包，抹上這麼一層油燉肉，也是滋味非凡，這一天算是沒有白過。

麵包抹上一層油燉肉滋味非凡

下篇

飲食系譜

關於飲食的

起源、傳播、比較，

細究食材的身世。

臺灣飲食文化的根源

文化積累需要時間，還得要有適當的地理條件。凡是交通要道，熙來攘往，不斷帶入新元素，積累自然快速，但是快速改變也不免要引起許多人感慨。就拿飲食來說，歷來水路碼頭都有南北菜館，以各地風味特餐為標榜。可是過了一段時間，各地風味特餐就成了本地特色，豈不怪哉？臺灣原本處於山陬水涯，人煙稀少，文化發展呈現停滯。17 世紀以後，海路大通，臺灣成了東亞水域必經之地，各國船隻輻輳，好不熱鬧，飲食文化開始有重大變化，充分體現前述的歷史發展規則。

臺灣本非漢人居住之地，飲食行為自然不同於漢人。原住民原以打獵為生，種小米，採野菜，各部落都有其特殊的飲食傳統，有些部落喜歡醃製魚、肉及內臟，以備不時之需。肉品瀝乾後敷鹽揉搓，再一層肉、一層飯，放入罐中，灑上酒，即可存封。味道酸酸甜甜，別有滋味。這種作法，至今仍存，但與漢人交流不多。

17 世紀中期，荷蘭人率先抵達臺灣，殖民三十多年，引進許多作物，如糖莢豌豆、青紅辣椒和番茄，不僅廣為種植，還成了臺灣飲食的要角。外來種作物總得給安個中國名字，從此糖莢豌豆就成了荷蘭豆；辣椒就成了番椒；番茄自然望文生義，毋庸贅述。荷蘭人在臺期間，招募漢人來臺，以推廣甘蔗栽培，製糖銷售。閩南地區的漢移民大量進入臺灣後，閩南語成了通行語言；閩南的飲食習

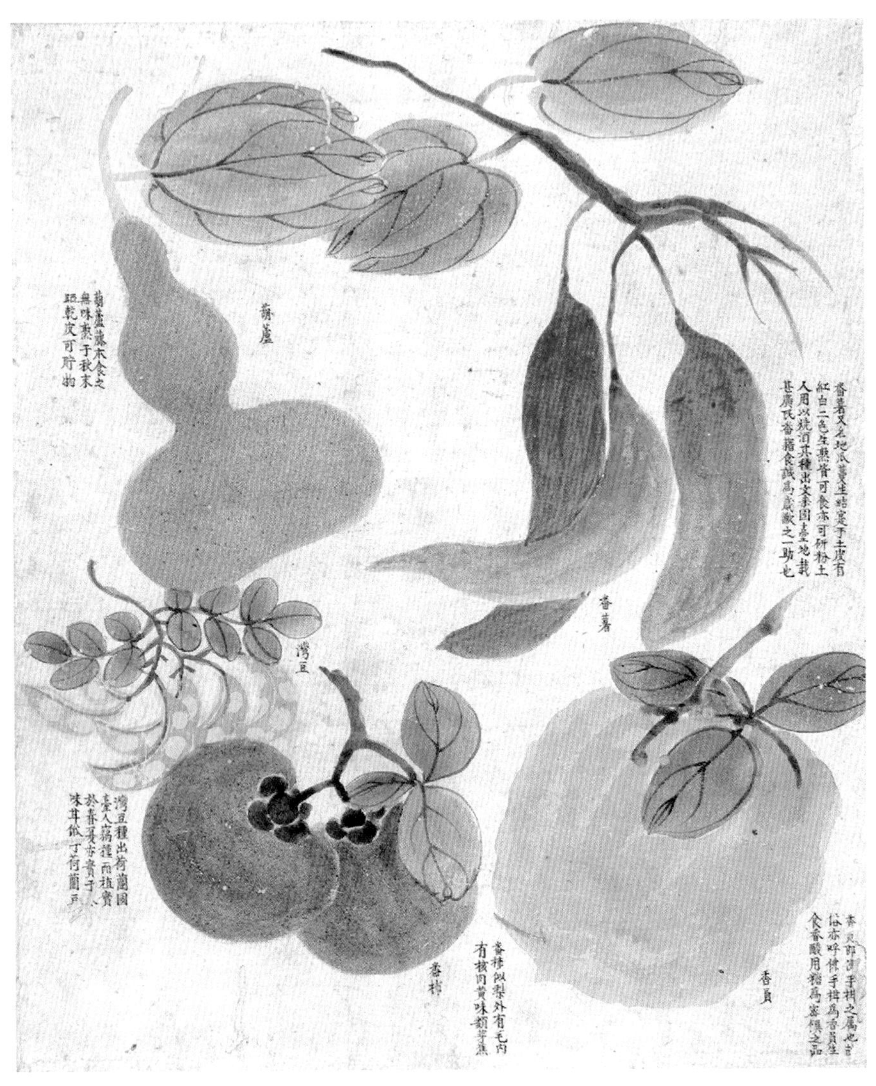

《臺海采風圖》中，三百多年前的畫家記錄下臺灣當時的物產，其中豌豆為荷蘭人傳入臺灣，所以稱荷蘭豆

慣也進入臺灣西部平原。菜色不外乎麵線、米粉、肉哨子澆飯之類，多半能與漳州、泉州兩地的飲食連結。臺灣各地夜市小吃販售的肉燥飯、米粉湯、豬血糕，多在此時便已入臺。夜市中的要角肉羹還能找到來自中原的證據，與洛陽水席攀附一番。

稍後，閩粵交界一帶的客家移民也開始遷入臺灣，並引進潮汕地區的飲食習慣，客家菜自然也成為臺灣飲食文化的重要元素：梅乾扣肉、薑絲大腸、客家小炒、客家筍乾及福菜湯，均與廣東原鄉無大差別。

1895 年，中日簽訂《馬關條約》，結束甲午戰爭，也把臺灣割讓給日本。從此，日本飲食的習慣也隨著殖民統治者一點一滴地進入臺灣。即便日本人走了六、七十年，許多日本食物還留在臺灣，甚至改了個漢名，原籍已經逐漸不可考了。臺灣各地都有道著名的小吃叫「甜不辣」，既然是甜而不辣，還真有小吃的氣象。可是甜不辣只是個以訛傳訛的渾名，真正的起源還有點西方血統。甜不辣原為拉丁語「時間」(tempora) 之意，指的是齋戒期。16 世紀西班牙與葡萄牙的傳教士在日本活動，每當齋戒，不得食肉，拿蔬菜或是魚類裹上麵糊，調味後下油鍋炸，也算是榮耀上帝的作法。日本信徒從洋和尚處學會油炸食物後，也稱之 tempora。後來訛成 tempura，寫成天麩羅、天婦羅。傳入臺灣，仍存其音，不過寫成了甜不辣，能有啥道理？日本人喜歡油炸食品，油炸的日文寫成「揚げる」，讀成 ageru，臺灣人也開始將魚打成漿，攙粉調味，下油鍋炸過，叫成「阿給」。到了夜市要問阿給，人人知道，可要是問阿給名稱的由來，恐怕沒人知道。

跟著天婦羅一起進入臺灣的還有生魚片，這倒是直指人心。日本人稱生魚片為「刺身」，其作法與中國的「膾」相同。這種作法應當稱為切片，但為何叫「刺身」已經不可考，大約因為武士階級認為「切」是武士專用術語，一般平民不得使用，才改切為刺；「身」指的當然是一塊一塊的魚肉。到了臺灣以後，仍依日語發音，稱為「殺西米」，後來才給了「生魚片」的說法，有點像導遊手冊中的名詞解釋，日本人是沒見過這個詞的。

日本人在臺灣還留下一種甜食「羊羹」，這又是個奇怪的誤會。中國各地都有肉凍的作法，例如羊肉久煮後會釋出膠質，凝成膠狀。日本人對中國的羊羹就挺有興趣，他們將紅豆煮爛，放入海藻類的植物膠，形成類似肉凍的甜食，也稱為羊羹，其實與羊肉只剩下一點同名之雅。日本人視紅豆為吉祥，紅豆可以與飯同煮，可以熬湯，可以做成各種甜食，臺灣人則在這個基礎上加入臺灣許多特產，所以烏龍茶、綠茶口味的羊羹也不少，逐漸能與日本羊羹分庭抗禮。到各旅遊景點看到販售的特產羊羹時，可千萬記得這還是舶來品。

1949 年以後，來自內地各省的移民將老家的飲食文化在臺灣發揚光大，上海菜館、廣東燒臘，隨處可見。60 年代起，上海冠生園、北京致美齋、四川同慶樓這類的招牌紛紛在臺北街頭努力的招徠客人，彷彿詩人筆下的「直把杭州當汴州」情景復現。臺灣的飲食文化因而更為豐富，炸醬麵、打滷麵、擔擔麵能與臺灣的油麵、米粉共存；而饅頭、水餃也都成了閩南族群的桌上佳餚。只是臺灣居民並不吃辣，麻辣鍋、水煮魚，還得經過「馴化」，才能找到知音。

臺灣原本不產小麥，麵食種類不多。日本殖民期間，將日式拉麵帶進臺灣，雖頗受歡迎，但偶一為之尚可，多吃了胃要犯酸；習慣吃麵食的鄉親要多吃一碗米飯，也得鬧胃疼。碩士論文指導教授是著名歷史學者，老家河南洛陽，一輩子吃不來米飯，50 年代後期起，美國援助臺灣許多小麥，軍、公、教人員的薪餉中，一部分以洋白麵、食油配發。領到洋白麵時，還真是幾家歡樂，蒸饅頭、包餃子、烙餅，不一而足。漸漸地，白麵取代大米，成為臺灣人的主食。

飲食文化反映了經濟條件，發展中的地區多以求飽為主，先得滿足熱量的需求，所以主食消耗量大，副食相對要少許多。進餐時，就得講究如何把主食送下肚，最好是口味重些，或鹹或酸、或油或辣，都能下飯，所以古代乾脆稱菜餚為「下飯」，功能單純而明顯。經濟富裕以後，副食供應增加，雞鴨魚肉，一樣不缺，就不需要這麼多主食，也不需要重口味的下飯，味覺跟著也全變了。四十年前，臺灣岡山所產的辣豆瓣醬，還真有四川郫縣豆瓣的神韻。前陣子，買了一瓶岡山辣豆瓣醬，酸酸甜甜，與洋人的番茄醬相去不遠，還能指望拿來做麻婆豆腐？燒豆瓣魚？

麵食在臺灣廣受歡迎，西式餐點也有推波助瀾之效。晚清就有人講究吃番菜，到了民國以後，改稱吃西餐，叫法雖然不同，骨子裡對西洋的羨慕卻是一致，認為西方工業發達，肯定與吃西菜、喝咖啡有關。時尚青年約會，一定要找個西式餐廳，吃點四不像的番菜，喝杯即溶咖啡或是冰淇淋，都算是跟上時代。一般人只要弄點番茄醬、煮鍋玉米湯，就敢開店，賣西餐。

二十多年前，西式速食大行其道，麥當勞、肯德基到處林立，不單是裝潢明亮，冷氣充足，還充滿洋氣。不僅小年輕喜歡，幾位老大娘一樣可以弄杯咖啡，說長道短，打發幾個小時。

近幾年來，臺灣飲食又多了東南亞風情，越南、泰國、印尼的小吃，隨著各地來的新移民，也在巷弄中掛起簡單的招牌，吸引好奇的年輕族群，月亮蝦餅、檸檬魚、打抛豬肉，都容易入口，成了年輕人的新歡。這種情況在每個大城市都發生，街頭招牌燈光熠熠，宣傳著各地美食，反正只要您敢叫賣，也多半有人光顧。還有號稱新廚藝者，講究杯盤碗盞，燈光音效，就是不知他葫蘆裡賣的是啥，一盤子端上來，大約不夠塞牙縫。

每回上北京，看到永和豆漿就啞然失笑，這能叫臺灣口味？當然，湖南客人進了臺北的湘菜館，也難免有上當的感覺。其實，人家沒有意思要訛您，飲食文化就是這樣正常變遷。離開原鄉以後，所有菜式都不可能地道：對許多人而言，廣東明爐燒鴨與北京烤鴨沒大區別，只要勾了芡，加點紅白豆腐，兌上醋，灑點胡椒麵，都算是酸辣湯。可議者，該辣的不辣，該酸的不酸；可異者，店招上明明寫的江浙小館，客人要想吃個麻婆豆腐，照樣給來一份。咱在北京的永和豆漿店不也能吃到餛飩湯。的確，要適應大家的口味時，就沒了特色，可是這種沒特色，卻成了臺灣飲食的特色。

臺灣小吃與中國名菜

最近，臺灣海峽兩岸交流密切，許多觀光客一到臺北，就直奔夜市，找尋臺灣小吃。許多人還認為臺灣充滿異國風情，吃食都與內地不同，其實不然。臺灣飲食，中規中矩，多遵循中國古法，只不過大多數人但知其然，而不知其所以然，不免穿鑿附會，失去臺灣飲食的本來面目。我們且以兩味最普通的臺灣小吃「滷肉飯」與「四神湯」為證。滷肉飯最近因為法國米其林公司的一篇介紹，又吹皺一池春水，有人認為「滷」者「魯」也，應當來自山東；有人認為「滷」為鹹味，農民所嗜，該是道地臺灣小吃，其實皆大謬不然。

《禮記・內則》記載幾樣有「八珍」之稱的周代飲食，如「煎醢，加於陸稻上，沃之以膏曰淳熬。煎醢，加於黍食上，沃之以膏曰淳毋」。根據《說文》，煎就是熬；醢是肉醬。熬煮肉醬，澆在米飯之上，拌著吃，稱為淳熬；要澆到小米飯上，則稱為淳毋，這不就是「滷肉飯」？臺灣還有人稱滷肉飯為「肉燥飯」，這也全然不可解。《康熙字典》引《廣韻》說：「哨者，小也。」把肉切成小丁，自然宜稱為「肉哨子」。《水滸傳》第三回中提到，魯提轄要鎮關西：「揀下十斤精肉，細細切做哨子」，許多人不知「哨」的本意，強做解人，改成「肉臊子」，殊不知豬油腥味曰「臊」，所謂「豕膏臭也」。稱「哨」為「臊」、為「燥」，都因為古音相近，是古人寫白字，自以「肉哨」為是。

另一個常寫白的美食是「四神湯」。臺灣人喜歡將山藥、蓮子、茯苓、芡實與豬腸同煮，以當歸、川芎、桂枝、枸杞、黃耆入之，稱為「四神湯」。其實，四神者，四「臣」也。中醫分藥品為「君、臣、佐、使」，山藥、蓮子、茯苓、芡實均屬臣類，用以輔助君藥，加強療效。《史記》中記載，倉公淳于意治病，常用「火齊湯」，茯苓是重要藥材；民間常用湯劑二陳湯也使用茯苓、白朮、山藥等物。醫家使用四臣入藥，由來久矣，臺灣民間的四臣湯，正有開胃健脾功能。閩南語臣、神音近，許多人不識藥性，四臣寫做四神，誤會不小。

肉哨子飯、四臣湯這兩樣東西，都是遵古法製作，算是標準中華美食。另一道臺灣知名小吃「潤餅」，也是謹遵法度，歷史久遠。古代立春日（農曆二月初）有吃春餅的習俗，立春之日，用麵餅包生菜，做成「春餅」或「春捲」分食，稱「咬春」。春秋以後，立春日用五辛盤為祀的習俗逐漸盛行，晉朝周處所寫的《風土記》中提到，元旦（當時為立春日），以蔥、蒜、韭、蓼、蒿、芥食之，名五辛盤。五辛說法不一，也有以蔥、蒜、韭、香菜、藝薹等為五辛者。辛是指氣味較重的食物，屬葷，象徵新春，提醒春天來臨，五辛盤遂有春盤之稱。祭祀天神之後，一起享用祭品，散福、進補，美事一樁，此風盛行不墜。宋代辛棄疾的〈漢宮春〉詞，寫立春情景，也提到「黃柑薦酒，青韭堆盤」，與蘇東坡〈立春日小集戲李端叔〉所說「辛盤得青韭」，都是描述宋代立春日吃春盤的故事。元代也有春盤麵，用各種青菜，加上羊肉、羊肚，切絲，拌麵，頗類似現代的炸醬麵。明代李時珍在《本草綱目》還提到「五辛菜，乃元日、立春以蔥、蒜、韭、蓼、蒿、芥，辛嫩之菜雜和食之，取迎春之意」。

臺灣人多來自閩南，保存古風，也習慣在清明前後，用雞蛋、高麗菜、酸菜、香菜、豆芽、豆腐乾絲、紅蘿蔔絲堆盤，食用之時，以麵皮包捲，花生粉調味，稱為「潤餅」。算是民間傳統小吃，正與春盤同工。臺灣以外，其他地區也有類似作法，成都春捲、貴陽絲娃娃，用麵皮捲蘿蔔絲、海帶絲、粉絲、胡蘿蔔絲，少不了紅油調味，都與春盤相關。三十年前在德國念書時，假期在餐館打工，對春捲印象深刻。當時中國餐館買不到春捲皮，以德國式鍋餅（Pfannkuchen，也就是法國的 crêpe）代之，加上一些炒雜碎、粉絲與豆芽，下鍋一炸，聞起來倒也香噴噴，一個春捲下肚，大約半飽。他們對粉絲一味，特別有興趣，不知其為何物。我從日文名稱「春雨」入手，解釋粉絲是春雨結凍而成，與西方的吉利丁 (gelatin) 類似，將一干洋人唬得一愣一愣，可能至今深信不疑，這是閒話。

臺灣還有一道中國古典名菜「三層肉」，將豬腹肉切條、汆燙、切盤後蘸醬而食，稱為「三層肉」。「三層肉」即是「五花肉」，蓋臺灣人看到的三層紅色瘦肉；北方人眼中，則是三層紅肉，兩層肥油，故名「五花肉」，誰曰不宜。至於各地都有的蒜泥白肉，作法就不相同，有人煮到軟爛，有人喜歡彈牙口感，並無優劣之分。《論語》提到孔老夫子對刀法、蘸醬都有意見，說「割不正，不食。不得其醬，不食。」割不正，表示心不誠，至於蘸醬，恐怕就各隨口味。

至於臺灣名吃「肉羹」，湯湯水水的，保持中國古代飲食之風，如果嘗過洛陽水席，就可得知一二，以後另外為文討論。訪客來臺，夜市中一碗滷肉飯、一碗肉羹、一份三層肉，就如同享受一頓周代國宴，曷興乎來。

大羹不和

臺灣到處都有賣肉羹、魷魚羹的店家，夜市中要是沒有這兩味，就不能稱之為夜市。把魚肉與麵粉攪拌成魚漿，用瘦肉塊為餡，沾著魚漿，盈握為度，捏成塊狀，滾水煮熟，再放入大鼎中，與大白菜同燉煮，調味勾芡，即成肉羹。嗜海味者將肉塊代以發泡好的魷魚，稱魷魚羹。食用之際，佐以烏醋、胡椒，更令人垂涎。這兩種羹可以單獨享用，也經常與滷肉飯搭配，頗有公不離婆，秤不離砣的休戚與共。好事者多所傅會，說肉羹也是臺灣的獨一份。其實，羹的歷史，跟人類知道用火的時間，相去不遠。中國人從知道祭天祀地開始，就有羹，至今不衰。

鼎因為有祭天祀地的功能，所以成為權力的象徵

夏、商、周三代，只有天子可以祭天，諸侯僅可以祭祀一些地方神祇，祭品往大鍋裡煮，熟了以後上供。這口鍋不一般，稱為鼎，因為有祭天祀地的功能，也就象徵權力，「鐘鳴鼎食」者，幾家能夠？楚國

要挑釁周天子，特意派人去問鼎的大小，準備複製一套，中國成語故事就多了個「問鼎中原」。臺灣人至今稱鍋為鼎，仍是保存漢語古風。

鼎裡煮完祭祀用的牛、羊、豬，湯汁當然不能丟，放點穀類作物、蔬菜，煮成一鍋，稱為羹，《說文解字》說：「凡羹，齊宜五味之和」，自然可以當做祭品，或是薦於祖先，稱為「大羹」。羹字从羔从美，味道美甚，故祭祀時不調味，有「大羹不和」的說法，《左傳》多處提到大羹祭祀。《禮記》則介紹一般家庭食用「鶉羹、雞羹、雉羹、脯羹、犬羹、芼羹」，算是家庭食譜。一家人圍著一口大鍋，燉煮小型動物做羹，分而食之；如果加上野菜，則稱芼羹，更適合家庭食用。兩千年以下，仍可以想像當時的滿足。

周代另有一道菜，湯鍋放肉與稻米，煮成一鍋，稱為糝，也是八珍之一。《說文解字》解釋：以米入羹為糝。徐州一帶，糝至今仍是特色佳餚。閩南語稱稀飯為「糜」，臺灣有個類似「糝」的小吃曰「肉糜」：米飯與瘦肉片同煮，加新鮮筍子。味道極佳，應該就是晉惠帝嗜食之物。宋代以後，北方人稱糜為「水飯」，孟元老提到開封夜市有專賣「水飯」的店家。

除了水飯之外，開封美味還有羹，尤其瓠羹、縷肉羹、肚羹之類，相當普遍，許多店家都會做。這時候，羹的意思有點變化，麵條與肉類同煮，也稱羹，「合羹」應當是大碗的打滷麵；半份則稱為「單羹」。原本吃羹只用匙即可，一旦加上麵條，可就得使筷子，所以孟元老說原本吃羹用匙，「今皆用箸矣」。臺灣也有「羹麵」，應該就是宋代的合羹，打滷麵也相當類似。

現代，北方方言基本不稱羹，凡是以汁液為主的食物，多稱為「湯」。湯字本義為熱水，〈九歌〉有「浴蘭湯兮沐芳」的說法，可以為證。至今閩南語形容湯水滾沸為「湯湯滾」。所謂「香湯」，用以沐浴，並非飲料。作為飲料的湯，大概只有中醫的湯劑。魏晉時期，有湯餅一味。三國時期的學者何晏，臉甚白，皇帝懷疑他擦了粉，特別在炎夏宣他進宮，給熱湯餅吃。何晏不免出汗，臉上卻沒有糊妝之窘態，說明他並非擦了粉。《正字通》說湯餅是水麵，應當是今日的湯麵，與羹自有分別。唐詩說「三日入廚下，洗手做羹湯」，羹與湯雖並稱，概念並不模糊，宋代人進飯館後，先有人端湯倒茶，再進餐。

元代以後，羹、湯之間的區別漸泯，甚至羹、湯不分。例如《飲膳正要》提到葵菜羹，有順氣功能，作法是用羊肉、良薑等物，熬成湯，放入羊肚、羊肺、蘑菇、胡椒、白麵，再以蔥、鹽、醋調和。團魚湯也是羊肉熬湯，加上甲魚塊、白麵條、胡椒，蔥、鹽、醋調和。作法與內容都類似，卻有的叫湯，有的稱羹。

羹、湯主要的差別在於湯汁是否濃稠。將富含澱粉的穀類作物放到肉汁燉煮，自然濃稠，稱之為羹，閩南語中至今仍是如此定義。如果湯汁並非濃稠，則稱做湯，蘿蔔湯、排骨湯都是，並不混淆。所以店家製作肉羹時，也都勾芡。這樣的作法，也見於洛陽水席之中。

吃羹，湯湯水水，必須有較大的容器，古人多用盆，莊子鼓盆而歌，又留下「鼓盆之痛」的成語。包公傳奇中，所審的烏盆非洗臉裝水之用，也是用來吃羹湯的食器。有一年到南韓開會，朋友介紹典型的韓國食物，早餐為牛雜湯飯，放在盆中。上桌一瞧，立刻領悟莊子所鼓之盆為何，挺有意思。

香蕉與帝國主義

香蕉含有多種維生素及鉀、鎂等礦物質，鉀能防高血壓，避免肌肉痙攣，鎂則有消除疲勞之效。香蕉更有豐富的膳食纖維及果膠，潤滑腸道，加速排泄，避免廢物滯留，減少腸癌發生之可能。香蕉的另一特點是熱量不高，不致發胖，當真是種健康食品。

學界曾經為了香蕉原產地爭論不休，大致公認東南亞及巴布亞紐幾內亞為原鄉，五千年前的農民便已經馴化野蕉，幾經育種後，產量增加，並傳播各地。印度也經營香蕉產業，甚至成為世界最重要的香蕉生產國，產量約占全世界總量的兩成。不過，近代考古學家又在西非喀麥隆等地發現蕉園遺址，已有上千年歷史，說明香蕉早就出現於許多地區居民生活中。拉丁美洲地區也種植香蕉，且為最重要的輸出國，但這些地方的香蕉並非本土物產，而是外來種。16 世紀以後，葡萄牙人才從西非引進；至 19 世紀，拉美地區很快地成了香蕉主要的產地，出口到北美及歐洲。

人們每當遇到新品種作物時，都要幾經掙扎，才慢慢學會接受。1873 年，法國作家費爾納 (Jules Verne) 出版了一本《環遊世界八十天》 (*Around the World in Eighty Days*)， 敘述一位英國人與同儕打賭，要在八十天內環繞地球一周。這本書反映當時歐洲人對世界的認識，包括鴉片煙館、火車、輪船與各種風俗。費爾納還特別花了一番筆墨，形容香蕉之所以為物也如何。可以想像當時歐洲人對這種水果相當陌生，而美國人開始認識香蕉，可能還要更晚一些。

1870 年以前，大部分的美國人鮮少見過這種熱帶水果，市場上自然也不銷售，直到 19 世紀末，香蕉才漸漸進入美國的生鮮市場，經過各種促銷活動，銷售量漸增。美國幾家經營水果買賣的大企業為確保香蕉來源不缺，乾脆前往牙買加、哥斯大黎加等地開發果園，自行生產，甚至投資鋪設鐵軌，以掌握通路。這些美國企業還收買各國政要，遊說該國政府，以取得經營特權及政治利益。

美國從 1820 年代便有「門羅主義」，警告歐洲列強不得干預美洲事務，但自己身處美洲，不受此限。1898 年起，美國便經常出兵拉丁美洲，干涉各國內政，以保障美國商業利益。例如 1912 年，美國出兵宏都拉斯，阻止該國政府干涉美國企業在其境內興建鐵路；1918 年，又派兵進入巴拿馬、哥倫比亞和瓜地馬拉等地，鎮壓當地工人因不滿香蕉契作條件而發生的抗爭。1928 年 11 月，美國政府要求哥倫比亞政府解決香蕉工人因為要求改善工作條件而引發的罷工事件，甚至威脅哥倫比亞政府，如該國不能確保美國人民的安全，將自行派遣海軍陸戰隊前往解決。哥倫比亞政府雖被迫派兵鎮壓罷工，但事件越演越烈。美國果真派遣武力，自行鎮壓抗議示威群眾，造成極大傷亡，稱為「香蕉大屠殺」(the Banana Massacre)。

美國人費盡千般心思，就是為的保障美國人可以獲得物美價廉的香蕉，也因為物美價廉，美國市場消耗大量香蕉，不斷發展出各種食譜。香蕉麵包及香蕉船兩味，算是兩種最新的香蕉吃法。美國人一向喜歡冰淇淋，製成聖代、蛋捲、雪糕等樣式，都廣受喜愛，各地「藥店」(drugstore) 都販賣。美國的藥店不僅販售各種藥品，也兼賣冰淇淋、汽水與甜品，許多人都喜歡到藥店買點甜食，把藥店當成社交場所。1904 年，一個藥店學徒突發奇想，將香蕉豎著對切，放在盤上，中間加冰淇淋、鮮奶油，再撒上碎果仁，名為「對切香蕉」(banana split)，這種新品聖代樣子討喜，立刻風行。「對切香蕉」的名稱信則信矣，總是不雅。「對切香蕉」遠渡重洋到了中國，如何翻譯「對切香蕉」還得花點心思，咱中華文化博大精深，可不能如此直白，好事者譯成「香蕉船」，算是名實兼顧。2004 年時，美國賓州還舉辦活動，慶祝香蕉船問世一百週年。

另一道名點「香蕉麵包」則與 1929 年以後歐美地區股市泡沫化造成的「經濟大蕭條」(the Great Depression) 有關。失業者眾，家庭主婦必須掐指頭過日子，物資絲毫不能浪費，因此有人出版食譜，教導大家如何利用過熟的香蕉製成麵包 。正好有新上市的蘇打粉 (baking soda) 可用於烘焙，就是大家熟悉的「泡打粉」。香蕉泥、麵粉、奶油、糖加上泡打粉，攪拌之後烘焙，簡單、實用，廣受好評。好事者甚至還把每年的 2 月 23 日訂為國家香蕉麵包日 (National Banana Bread Day)。

細數這些 20 世紀以後風行的香蕉食譜，都起因於從中南美洲進口的廉價香蕉，至今，厄瓜多、哥斯大黎加、哥倫比亞和瓜地馬拉四個國家的香蕉出口量占世界總額的百分之五十七，顯示這種殖民地式經濟的基本結構並未改變，而美國人食用廉價香蕉之時，是否還知道這一頁殖民帝國主義的史實？

鄉　味

晉朝的張翰原籍吳郡（蘇州），曾在洛陽任官。秋風一起，想起故鄉的蓴羹及鱸魚膾，立即辭官返鄉。這事除了說明一個人的曠達，還顯示古代食物並未廣泛交流，在西元 4 世紀時，洛陽就是吃不上一口鱸魚膾。到了宋代，洛陽城中開始有些南食店，販售南方的飲食如桐皮熟膾麵、煎魚飯，也許食材不同，味道也不那麼純正，至少可以解解鄉愁。

西元 1949 年以後，大陸各省各地的居民渡海來臺，兵荒馬亂之際，果腹是唯一真理。生活稍安定後，思鄉之情漸生，家鄉味成了解決鄉愁的唯一可能，許多老店在臺北新開，「老大房」、「致美齋」、「同慶樓」都是，販賣的內容則從蘇州的粽子糖到重慶的酸辣湯，撫慰了許多人的鄉愁。而家家戶戶的裊裊炊煙中，也開始蒸包子、炸油條，將內地的生活習俗在臺灣重現。許多人也乾脆以此為生，開起小館子，南北小吃成了臺灣飲食的特色。

抗戰期間，空軍基地位於四川，四川人也成了空軍主力。到了臺灣後，軍人、軍眷眼見南臺灣日照充足，又盛產辣椒及蠶豆，開始在岡山醃製豆瓣醬，行銷各地；更有人以之與牛肉同煮，成就了牛肉麵一味。在經濟不算富裕的時代，一碗牛肉麵已經算是打牙祭了。臺灣習俗原本體恤牛隻辛勞，很多人不太吃牛肉，因為牛肉麵香傳十里，許多人也紛紛破禪，不無佛也跳牆的豪氣。

臺灣本不產小麥，麵食不多，許多人刻板印象中，麵食全算在山東一省。牛肉麵盛名遠播之後，開始有各種仿冒品，且大多冠以「山東牛肉麵」之名。山東也好、川味也好，其實全原產於臺灣，各種泡麵紛紛以「臺灣牛肉麵」為名，將之行銷世界。

除了麵條以外，餃子也是一例。華北各地都吃水餃，過去的升斗小民卻難得吃得上水餃，所以有「好吃不過餃子」的說法；西安的餃子宴還成了當地的風味特餐。臺灣餃子館卻多冠以「山東」之名，似乎認定只有山東才有餃子。臺式的「山東水餃」還有一絕：吃餃子配酸辣湯，哪兒在乎酸辣湯與餃子有不同的祖籍。

臺灣調和各地美食，成就了「臺灣風味」，但也經過折衷，該辣的不夠辣，該甜的不夠甜，暫解鄉愁可以，如果真要標明祖籍，就要引起糾紛。

臺灣各地的餃子館都有販賣酸辣湯

麵　館

閩、粵地區居民均以米食為主，17 世紀以後，移民來到臺灣，也將原鄉飲食習慣帶入，因此傳統臺灣食物並未發展出麵點。日本人喜歡吃麵，日據時期，日本飲食漸漸傳入，拉麵一味自然少不了。此後，臺灣開始有了「大麵」，除了熬湯的手法不同外，大致與日式拉麵接近，還切了肉片點綴。小時候到外公家，總要弄碗大麵，齒頰留香。

1949 年以後，許多新移民入臺，來自北方的鄉親也不少，他們想念家鄉味，可是臺灣不產麥子，外匯又短缺，實在沒有太多餘錢可以進口小麥，著實過了一段食不甘味的日子。韓戰爆發以後，美國開始援助臺灣，除了提供貸款外，也提供糧食，小麥是主要項目。從此以後，臺灣的麵粉供應增加，政府甚至鼓勵吃麵，將節餘的大米外銷。所以臺灣除了原有的大麵以外，還出現了許多麵食，從蔥油餅到水餃，無一不全。當時，臺北火車站人來人往，但凡能開個館子，無不生意興隆，還真有幾家館子賣麵、賣水餃，店門前照例有一口大湯鍋，燉的是牛骨頭高湯，架子上有牛雜、牛肉，令人垂涎。還有些刀削麵館，師傅胸前抱著麵團，飛也似的快刀，麵條一根根地落入鍋中，吸引許多人圍觀。

四十年前，臺北火車站就已經是人文薈萃之地，重慶南路書店街遠近馳名，往東的南陽街則是補習班林立，要考大學、考公務員、留學語言考試都得到這，賣吃食的小館子應運而生，就像《東京夢華錄》中的相國寺。有位川籍老兵擺攤賣麵，有酸辣麵，有陽春湯麵，食客多為學生，豐儉由人。酸辣麵就是燃麵，把辣椒、麻油、花椒、芝麻等香料用豬油煉成醬料，麵條起鍋後，淋上紅澄澄的紅油醬料，稱為紅油燃麵。為了讓客人好懂，特別改了個臺灣名，但口味相當重，不是所有人都能消受。

話分兩頭，南川位於四川盆地東南方，從唐代開始置縣，算是歷史悠久，居民的飲食也是傳統四川風味，不外乎麻、辣、燙。前兩年走訪重慶，還特別在街頭吃了些小吃，挺對我嗜辣的味覺，就是大熱天吃辣，不免狼狽。其實吃川味麵點也不需要大老遠跑到重慶，新店市中心就有。

新店位於臺北市的正南面，原本是通往山區的入口，早年移民開墾，以此地為補給與交易中心，故稱為新店。1949 年以後，大批新移民湧入，軍方在此購買農地，建造房舍供軍眷居住，發展出小市鎮，以後逐漸發達，熱鬧非凡。南川麵館上下兩層，幾位老太太服務，點餐、算帳，下麵、上菜，手腳十分利索。名為南川，自然賣的是川味麵點，除了紅油麵、素椒炸醬麵之外，也兼賣滷味，海帶、豆腐乾、燻雞、醬牛肉。只是眾家食客既不知道南川意義為何，也不清楚素椒麵的來龍去脈，反正只要能吃，透過網路，口耳相傳，生意著實不壞，每回去，都得避開中午時分，以免人聲吵雜，影響食慾。南川麵館味道雖然不錯，但為了向本地的食客交心，味道已經改變許多，不夠麻、不夠辣，反倒多了點南國風味。但不知道這家南川麵館是否與南陽街那家川味麵攤有關？

車站附近另有一家老金牛肉麵，也是一絕。老金是來自山東的回民，胖胖的身材，童山濯濯，頗符合飯莊老闆的刻板印象。他家的牛肉燒得好，將回民特有香料與火候發揮到極致，還提供酸菜、大蒜。入得店來，點一碗便宜點的紅燒牛雜麵，弄幾瓣大蒜，一口大蒜，一口麵，也頗能怡然自得。這幾年，牛肉麵成了臺灣特色，講究清淡，既不辣、也不油，更沒有人就大蒜吃麵，鄉味漸漸淡薄。許多人還以為就該是這樣的味道，就好像走味的眷村菜。

眷村是比較特殊的社區，居民來自大江南北，不同眷村也都各自有其飲食特色，老輩的家鄉味隨著老成凋零，逐漸摻入本地風情，成了南北合，好事者還特別稱之為「眷村菜」。這些菜色，隨著食客改變而不斷變換氣味，於是宮保雞丁不夠辣，無錫排骨不夠甜膩，川味麵點竟然也帶點本地口味。

這種情形，也不只出現在臺灣，倫敦華埠位於倫敦市中心，從19世紀起就有來自中國的工人聚居，歷經兩百年，廣東移民換成了福建移民，又換成香港移民。不同的廚子販售不同的鄉味，撫慰不同人的鄉思，自然也沒有啥可靠的標準，說誰家販售的才是真正的中國味。

川菜不辣

一般人提到川菜、湘菜，第一個反應就是辣。中國本有「四川人不怕辣，湖南人辣不怕，貴州人怕不辣」的說法，這話並無比較高下的意思，只是說明這幾個省分的特色菜餚，都以辣著稱。其實，其他省分一樣也有嗜辣的情況，到西安旅遊，都知道「辣子一道菜」，西安市場中，專賣辣椒麵的店鋪林立，提供各種辣椒，塊狀、片狀、粉狀、粒狀，除了辣椒，還是辣椒。

辣椒是明代後期以後才進入中國，在此之前，中國並無辣的概念，提到刺激的食材，多以辛來形容。《說文解字》說：「味辛，辛痛即泣出」，指出食物味道一旦「辛」，吃了就要流眼淚，這與現代科學家認為辣不是味覺而是痛覺相同。可是《說文解字》中並沒有「辣」字，說明了辣不是一個古代的概念。

中國古代辛味的來源包括蒜、蔥、薑與花椒。花椒與辣椒都稱為「椒」，可不是同一科的作物。花椒古代寫成「茮」或是「菉」，《神農本艸經》有蜀椒、秦椒的記載，解釋這種芸香科植物的原產地。花椒含有水芹香烯、香草醇等等幾種揮發性芳香物質，香氣濃烈；可使血管擴張，降低血壓；還能除寄生蟲、去腥、促進食慾，自古以來就是重要的香料。花椒結實纍纍，象徵子孫繁衍，《詩經・唐風》有「椒聊之實，蕃衍盈升」，一向為人所喜。另一方面，花椒可以刺激血管，古人相信有壯陽之效，所以漢代王后家總要在宮廷中以花椒和泥，塗裝一間特別的寢宮，供王后與皇帝合巹之用，班固在〈西都賦〉說「後宮則有掖庭椒房，后妃之室」，希望王后早生貴子，保障后家。漢代許多外戚之禍，恐怕花椒逃不了干係。

到了唐代，中國出現新的辣味來源：胡椒。7 世紀時，唐高宗下令編修《新修本草》，是中國最早的藥典，記載各種植物的藥性。書中提到「胡椒，味辛，大溫，無毒。生西戎，調食用之，味甚辛辣。」9 世紀的段成式在《酉陽雜俎》中也說：「胡椒出摩伽陁國，……形似漢椒，至辛辣。」段成式特別提到「胡椒子於葉中」，與花椒不同，但味道相似，故以「胡椒」稱之。對一般人而言，胡椒的功能有限，並不普遍，唐宋之間，仍多以鹹、酸入味。

杜甫祖籍湖北襄陽，於西元 712 年生於河南鞏縣，天寶年間 (742–756) 他先到長安居留一段時間，其後又避安祿山之亂，停留在成都，留下許多描繪日常生活的詩句。例如西元 760 年所寫的〈泛溪〉詩說：「得魚已割鱗，采藕不洗泥。」將新鮮的江魚切成小片，調入鹽、醋，成為生魚膾，加上現採的藕，都是隨處可得的平民美食。西元 763 年，杜甫與友人前往漢州（四川廣漢）旅遊，寫了〈陪王漢州留杜綿州泛房公西湖〉詩，「豉化蓴絲熟，刀鳴鱠縷飛」，用江魚細切成魚膾，加上蓴菜絲，豆豉調味，已經相當滿意。這些菜色，均無辣味。

五代的陶穀是陝西彬縣人，「強記嗜學、博通經史」，在後晉、後唐當過官，北宋以後，仍任職朝廷。他的《清異錄》記載許多有趣的事，例如蜀中有道士賣「自然羹」，一個碗中放兩條魚，鱗、鬢、腸、胃皆在，鱗上還有圓月般的黑紋，羹汁如淡水。食客得自己剔去鱗、腸食用，味道香美。據說第二年發生時疫，凡吃過自然羹的人都沒事。故事雖然有點玄，可是自然羹汁如淡水，說明當時蜀人並不嗜辣。

蘇東坡生活於11世紀，原為四川眉山人，曾在湖北、浙江、山東等地任官，還曾被貶謫到海南島，最後死於江蘇常州。他留下許多與飲食相關的文字，大家比較熟悉的是〈豬肉頌〉，說：「淨洗鐺，少著水，柴頭罨煙焰不起。待他自熟莫催他，火候足時他自美。」蘇東坡做這道菜時，並沒有太多的調味。他另外記載〈煮魚法〉，「在黃州，好自煮魚，其法：以鮮鯽或鯉魚治斫，冷水下。入鹽如常法，以菘菜芼之，入渾蔥白數莖，不得攪，半熟，入生薑、蘿蔔汁及酒各少許，三物相等，調勻，乃下。臨熟，入桔皮片，乃食」。將魚整好入鍋，下鹽，用大白菜一起燉煮，加上蔥白、生薑及蘿蔔泥，起鍋時加上幾片桔子皮，再簡單不過，也沒有見到今日川味水煮魚的陣仗。

明朝末年，辣椒進入中國，因為富含維生素C和胡蘿蔔素、維生素B及各種微量元素，還能促進食慾，成了許多地區飲食中的重要元素。幾百年下來，中國人多忘了辣椒是舶來品，還以為四川人從春秋戰國以來都吃辣呢。

川菜的起源與在臺發展

四川古稱天府之國，飲食習慣接近華北。唐代因為天寶亂世，中原喪亂，許多士人入川，杜甫便是一例。杜甫原籍湖北，生於河南。「安史之亂」爆發後，玄宗逃往成都。杜甫也前往陝西富縣避難，也曾經在四川居住一段時間，他對四川食物，並沒有太多描寫，大約與河南、長安等地食物沒有太大差別。他留下的詩句中，有〈槐葉冷淘〉，說道「青青高槐葉，採掇付中廚，新麵來近市，汁滓宛相俱」、也有〈鱠〉說：「饔人受魚校人手，洗魚磨刀魚眼紅，無聲細下飛碎雪，有骨已剁觜春蔥，偏勸腹腴愧年少，軟炊香飯緣老翁。」這些情況，說明當時華北食物並沒有太大差別。不過北方人到了南方，可能會對食材有些不習慣，例如西元 819 年，韓愈被貶，到了潮陽，對當地食物頗不能適應：在〈初南食貽元十八協律〉詩中，韓愈先列舉許多不習慣的食物「鱟實如惠文，骨眼相負行。蠔相黏為山，百十各自生。蒲魚尾如蛇，口眼不相營。蛤即是蝦蟆，同實浪異名。章舉馬甲柱，鬥以怪自呈。其餘數十種，莫不可嘆驚。我來禦魑魅，自宜味南烹。調以鹹與酸，芼以椒與橙。腥臊始發越，咀吞面汗騂。惟蛇舊所識，實憚口眼獰。開籠聽其去，鬱屈尚不平。賣爾非我罪，不屠豈非情。不祈靈珠報，幸無嫌怨並。聊歌以記之，又以告同行」，除了提到食物調味時，只有鹹與酸之外，還憚於南方食物，他也提到食蝦蟆的情況，說「余初不下喉，近亦能稍稍」。

唐宋時期，飲食簡單，味道較重的是豆豉。中國人自古以來，便將豆子製成豆豉，《史記》、《漢書》中對經商致富者都有所描述，其中，不乏以糱麴鹽豉發財者，說明豆豉自古以來都是中國廚房中的一個重要調味料，漢魏時期，豉是日用的調味品，也可以入藥。北魏賈思勰（生卒年不詳）所撰《齊民要術》第八卷中特別有「作豉法」條目，並引用《食經》的作豉方法。唐武后時期的同州刺史孟詵 (621–713) 也曾撰寫補養方，後經人增訂為《食療本草》，稍後的陳藏器 (681–757) 編撰《本草拾遺》都述及豆豉。陳藏器指出：「藏器曰：蒲州豉味鹹，作法與諸豉不同，其味烈。陝州有豉汁，經年不敗，入藥並不如今之豉汁，為其無鹽故也。」

明代李時珍撰寫《本草綱目》時，仍然記載有鹹豆豉和淡豆豉的製法，並以豆豉入藥。直到現代，仍是如此。《清稗類鈔》也特別提及：「豆豉之製，四川為最，出隆昌者尤佳。」

豆豉味鹹，並無辣味。明末辣椒傳入中國後，豆豉才與辣椒合製，成為辣豆瓣醬。中國古代的辛味，來自蒜、蔥、薑、椒等。唐代中國已經自西域引進胡椒，唐代《新修本草》「新附」中提到：「胡椒，味辛，大溫，無毒。主下氣、溫中、去痰，除藏腑中風冷。生西戎，形如鼠李子。調食用之，味甚辛辣。」段成式的《酉陽雜俎》也記載：「胡椒出摩伽陁國，呼為昧履支。……其子於葉中，形似漢椒，至辛辣。」

因為傳進的椒與中國原有的椒類似，味道不同，特別稱為胡椒。胡椒的功能有限，並不普遍，唐宋之間，多只以鹹酸入味。明代以後，辣椒才由海路進入中國，並且很快普及。清代康熙年間的園藝家陳淏子在其著作《花鏡》中，記載：「番椒叢生白花，果儼然禿筆頭，味辣色紅。」就在此時，中國人已經將辣椒用於調味，甚至製成醬料。例如康熙年間，四川郫縣的陳守信將辣椒調和於豆豉之中，形成郫縣辣豆瓣，至今仍為川菜調理時極為重要的原料。清人曾懿在其所著的《中饋錄》中，特別詳述了辣豆瓣醬的製作方法：「以大蠶豆用水一泡即撈起，磨去殼，剝成瓣，用開水燙洗，撈起，用簸箕盛之，和麵少許，只要薄而均勻，稍晾即放至暗室，用稻草或蘆席覆之，俟六七日起黃霉後，則日晒夜露，俟七月底始入鹽水缸內，晒至紅辣椒熟時，侵晨和下，再晒露二三日後，用罈收貯，再加甜酒少許，可以經年不壞。」

川人入臺後，也開始在臺灣生產辣豆瓣醬，風靡一時。岡山有名的豆瓣醬，便是經川籍軍眷的努力，開始成為當地的名產，行銷世界。最早在岡山地區生產豆瓣醬者，應屬隨空軍來臺的川籍官兵。例如 1948 年隨軍來臺的劉明德，原本駐紮岡山，獲配眷村。由於生活清苦，為求改善，乃利用岡山日照充足，盛產蠶豆的特殊條件，製作四川風味的豆瓣醬銷售，漸獲肯定。另一家志斌豆瓣醬的情況也相當類似，原籍成都的戴氏於 1949 年隨政府來臺後，因思念鄉味，乃按照古法，以黃豆製作豆瓣醬，而岡山地區眷村多為四川同鄉，頗為歡迎，志斌辣豆瓣醬名聲鵲起。

辣豆瓣醬業務開展後，仿效者甚多，岡山產製的辣豆瓣醬遂成為臺灣飲食中重要調味料，可以製作許多川味菜餚，如麻婆豆腐、豆瓣魚等，川味餐館也開始在臺灣逐漸流行。以後，川味館子漸漸普遍，水煮牛肉、樟茶鴨子、酸辣湯，都成為臺灣各省籍居民的共同喜好，歷久彌新。

蔣家的高麗菜捲

說到國際化與世界觀，近代中國各個家族中，恐怕沒有比蔣介石一家人更國際化的，蔣介石本人留學日本，夫人留學美國。兩個兒子，蔣經國留俄多年，後來蔣介石與俄國人交涉，多半由蔣經國負責；蔣緯國生母是日本人，他東吳大學畢業後，曾經留學德國與美國，兩種語言都通，直到晚年仍是風度翩翩，有德國軍人的氣概。1925 年蔣經國才十六歲，就前往莫斯科中山大學就讀，後來蔣介石與蘇聯關係不佳，蔣經國成了人質，滯留當地，1930 年起進入俄國的工廠與農場中勞動，並結識俄國姑娘蔣方良 (Фаина Ипатьевна Вахрева)，兩人於 1935 年結婚，長子蔣孝文便是誕生於俄國。

1937 年，中日兩國之間戰雲密布，俄國則希望在西安事變之後改善與蔣介石的關係，才同意蔣經國返回中國。1937 年 3 月，蔣經國帶著妻兒，離開莫斯科，經由西伯利亞，搭船經上海回到故鄉，結束長達十二年的俄國生涯。蔣方良原為礦工之女，年幼時父母便已經雙亡，結識蔣經國時年僅十六，三年後結婚，二十出頭就帶著兒子隨丈夫來到中國，開始學習中文，並得同時學習浙江話與官話。蔣方良從此學習成為中國兒媳，幾乎完全放棄自己的語言與生活習慣。她生了三男一女，根據周圍親友的記載，四個孩子都不會說俄語，對俄國的概念也相當模糊。

1949 年，蔣介石遷到臺灣，全家相隨。蔣經國先任國防部政治部主任，負責軍隊的政治工作，居於臺北市中心，離當時一個俄國人開設的明星咖啡館相去不遠。蔣經國便經常與蔣方良到這家咖啡館吃點俄國點心，稍解鄉愁。偶爾蔣方良也會自己帶著四個孩子，吃點羅宋湯或西點；蔣經國也常去買些俄國全麥麵包、俄羅斯軟糖或火腿回家。

當蔣經國負擔起更多的政治任務以後，一方面有安全顧慮，另一方面也擔心引起物議，蔣方良就寫了一張俄文短箋，說明「因為先生有要職在身，往後無法再參加私人聚會」。雖然可以讓工作人員前往明星購買一些俄羅斯口味的糕點，但要吃俄式食物，就得自己做。據蔣方良的兒媳蔣方智怡女士指出，蔣經國家的廚房比較常見的一道俄國菜是高麗菜捲。

說起這道菜，倒還真有一些典故與歷史淵源。拜占庭帝國是歐洲歷史上一個重要的建置，長達一千多年，文化發達，經濟也曾繁榮一時，引來周邊許多國家的羨慕，帝國的一舉一動，都是大家效法的對象。9 世紀左右，俄羅斯希望「維新開化」，派遣使臣前往各國觀摩，使節團一到君士坦丁堡，便目瞪口呆，從此下定決心，要向拜占庭看齊。

俄羅斯人對拜占庭帝國情有獨鍾，認為 15 世紀拜占庭亡於鄂圖曼之後，俄羅斯繼承拜占庭與羅馬帝國的文化，故自詡為「第三羅馬」，順勢接收了拜占庭各種文化、宗教，也包括了這道著名的「高麗菜捲」。蔣方良思思念念的家鄉菜高麗菜捲，就是源於拜占庭的俄國菜。

拜占庭原有一道稱為「多碼」(Dolma) 的食物，將米、羊肉、碎洋蔥、堅果仁及香料調和成內餡，再將葡萄葉清洗燙熟，攤平，用來包裹內餡，製成捲狀，再經燉煮即成。製作簡單，味道十足，頗受歡迎。至今，西亞地區仍以多碼為代表佳餚，流傳各地。

多碼原以地中海地區葡萄葉為主要食材，傳到各地時，未必都能找到葡萄葉，因此常以最普遍的高麗菜代之。德語系地區，便稱之為高麗菜捲 (Kohlroulade)，這個字是由高麗菜 (Kohl) 與捲 (Roulade) 組成。18 世紀初，俄羅斯彼得大帝率軍攻打瑞典。瑞典受到壓迫，請求土耳其協助抗敵，一部分瑞典軍隊撤至鄂圖曼帝國境內，一駐四年，因此認識這道菜。北方戰爭以後，瑞典官兵將多碼帶回家，稱之為「用高麗菜做成的多碼」(kåldolmar)。東歐也都有這道菜，製法大同小異：

▼ 高麗菜捲

將大片的高麗菜葉燙熟備用，將絞肉、培根、洋蔥、胡椒等餡料拌勻。把菜葉攤平，放上絞肉餡，捲起如鋪蓋捲狀，用細繩或牙籤固定後，放入鍋中慢燉，也可加入番茄或肉汁，待醬汁收乾後即可食用。有些地區也會用穀類如米、燕麥，拌上洋菇、乳酪等食材，或蒸或烤或燉，再依喜好調製醬汁。例如瑞典人喜歡以越橘莓(lingonberry)果醬佐之，東歐各地則多用番茄醬汁或奶油醬汁。食用高麗菜捲時，多半搭配水煮馬鈴薯或馬鈴薯泥，頗能飽人。19世紀末，高麗菜捲也在日本找到知音，今天關東煮中也一定有這道菜。

高麗菜捲製作簡單，食材也不算高檔，適合平民大眾食用，在俄國農民之間也有廣大的支持者。蔣方良到了臺灣，每逢思鄉情切之際，常製作高麗菜捲，聊解鄉愁。

越橘莓醬

蔣經國家中的羅宋湯

蔣介石與宋美齡兩個人從結婚開始，家中就沒有小孩，人口簡單，而蔣宋兩人出身背景不同，生活起居也差異極大。蔣介石生活規律，每天早起，宋美齡有煙癮，又愛熬夜，早飯往往在床上解決，雖然一起用午餐，但也是各吃各的，互不妨礙。蔣經國一家情況可不同，蔣經國與蔣方良育有子女四人，生活相當簡單，剛到臺灣時，還到外頭吃飯，當蔣經國官越做越大，生活就越來越謹飭。原本蔣方良還找些牌搭子搓麻將，後來連這個嗜好都放棄，也鮮少外食，自己在家張羅。蔣方良經常做些俄國菜，除了高麗菜捲之外，波許湯（斯拉夫語稱為 barszcz，一般拼寫成 borscht）也是少不了的家常菜。

波許湯是東歐的家常菜，不僅出現於俄國廚房，烏克蘭、波蘭、羅馬尼亞等地都有，也頗受東歐各地的猶太人歡迎。「波許」原是斯拉夫語對「獨活草」的稱呼，獨活草在中國作為藥用，防風、獨活合用，可以「益肝腎、補氣血、祛風濕、止痺痛」。這種野草在東歐草原甚多，當地人乾脆摘回家，煮成波許湯，後來改用甜菜根製作，但還稱為波許湯。甜菜根成深色紅，製作波許湯時，有人先將甜菜發酵，有人則使用新鮮甜菜，但要擱檸檬汁，整道湯成酸甜的紅色稠粥狀。除了甜菜之外，還可以加入各種蔬菜如馬鈴薯、胡蘿蔔、洋蔥、番茄等。這屬於一般平民飲食，如果有錢人家，自然可以加上魚、羊、牛或豬肉，特顯身分。

飯店製作波許湯時，先將骨頭熬湯，放入甜菜、胡蘿蔔、洋蔥或番茄等蔬菜燉煮，不但可趁熱吃，夏季時也可以放涼吃冷湯。上菜時，除了用鮮奶油、洋芹菜裝飾，還有個套路：得搭配小耳朵 (uszka) 或是小麵包 (pampushka)。

波許湯

小耳朵餃

小耳朵類似餃子，用絞肉、菌子拌餡包成，因形似耳朵而得名；小麵包倒是普遍，或甜或鹹，搭配波許湯，一準飽人。波蘭人喜歡馬鈴薯，也會將馬鈴薯泥做成小捲子，入油鍋稍微炸過，也挺對味。從 9 世紀起，許多猶太人進入歐洲，這些移民不斷向前移動，也把各地的菜餚四處傳播。北美洲從 19 世紀起也因為大批猶太移民進入而認識這道東歐名菜。在此同時，波許湯也隨著俄國移民來到中國，但是給改了個名字，稱為「羅宋湯」，源自英語的俄式 (Russian)。

上海是個最早開發的國際城市，從 19 世紀中期起，就住了許多洋人，包括西歐的英、法、德、美等國人民，後來又來了許多印度傭兵及日本浪人。因為人口漸增，不僅大興土木，出現教堂、學校、會館等西式建築之外，也開始有人叫賣「番菜」。番菜館除了撫慰異鄉遊子的鄉愁之外，也吸引許多人前往嘗新，體驗洋人吃飯時要拿刀動叉的風情。

上海從《南京條約》簽訂之後，便開港通商，根據《上海方志》的記載，1850 年時，上海已經出現西式餐飲店，最早以德式餐飲為主。1917 年，俄羅斯爆發大革命，許多舊日貴族被迫逃亡，其中一部分人進入中國，先到東北，也有些人輾轉到上海定居。1920 年代末期，上海就有四十多家西餐館，也包括俄國館子。1938 年以後，許多猶太人受到納粹政權威脅，也遷居到此，堪稱熱鬧。番菜館供應的菜色可就五花八門。除了德、法菜色之外，還有猶太及俄國食堂，除了供應麵包，也搭售一些簡餐，波許湯便很常見。因為波許有彈舌音，說得正確可不容易，許多人乾脆以「羅宋湯」稱之，久而久之，一般人就只認羅宋湯，波許為何物，知道的人可能不多。

波許湯除了發音不易，中國人對這種有發酵味的重口味濃湯也不太欣賞。店主東如果堅持孤芳自賞，恐怕只能賣給東歐同胞，如果想要吸引中國客人，就得稍作調整。有些商家改用捲心菜替代甜菜，再用番茄調味、染色，看起來雖然貌似波許湯，卻有極大差別。不過這麼一改，讓人頗為激賞，認為自己真的吃了番菜，索性也改個名，從此波許就改成「羅宋」。既然連名字都不一樣，即使打官司，羅宋湯也肯定沒有掛羊頭賣狗肉，矇騙顧客的問題，於是乎中國版的羅宋湯在中國反而取代了真正的波許湯。

話說 1920 年時，幾位流亡上海的俄羅斯人曾在霞飛路（今天的淮海中路）開設「明星咖啡館」(Asotoria)，販賣咖啡、簡餐與甜點，門庭若市。1949 年以後，因為時局緊張，明星咖啡館的幾位股東也收拾行裝，跨海來到臺北。當時，臺北火車站附近已經形成一個相當成熟的商業中心，明星的幾位股東乃典下一間市中心的店面，又掛起明星咖啡館，經營俄羅斯餐飲，販賣甜點、簡餐與咖啡，生意仍是不惡。蔣經國聽說這裡有一家俄國館子，便與蔣方良到此用餐，買些家鄉口味，偶爾在此進餐，而羅宋湯是必然出現在餐桌上的一道湯品。這種羅宋湯，倒是與一般人熟悉的羅宋湯有些不同。讀者若有機會品嘗，可千萬別想像成上海式羅宋湯，否則就是把馬涼當成馮京了。

看菜

許多人吃飯就圖一飽，無論雞鴨魚肉，還是青菜豆腐，只要能吃，便一股腦塞進五臟廟。《儒林外史》寫薛家集父老打算找老塾師周進給孩子啟蒙，為尊師重道，開館之前，先款待先生一頓。大夥準備了八九個菜，還找地方父老陪席。菜色無非是豬頭肉、公雞、鯉魚、肚、肺、肝、腸，實在不算豐盛。開席之際，「請」字方落，陪席已經一齊舉箸，風捲殘雲，席面如何擺設恐怕都沒鬧清楚。這是一般人吃飯的景況，不分東西南北，古往今來，都是這樣。但是有錢有閒階級，卻不如此。

吃飯不光是為了滿足口腹之慾，還得講究飲和食德，依著節氣，吃點應時應景的東西，漢人在三月時有「祓禊」的活動，流傳了好一陣子。晉朝的王羲之時仍有此風，還把這事寫到〈蘭亭集序〉裡，提到曲水流觴，何等趣味。喝酒能弄出這些花樣，吃飯當然也可以活潑些，或將食物做成各種樣式，或將飲料染成各種顏色，都能怡心悅目，增添雅趣。宋人記載：杭州有許多尼姑庵，特別講究飲食，「輞川小樣」算是極盡巧妙的力作。廚子以紅麴染色，配上瓜果蔬菜，用食物來描繪王維在〈積雨輞川莊作〉所描述的「積雨空林，蒸藜炊黍，白鷺翩然，黃鸝宛轉」。不僅顏色繽紛，景物也栩栩如生，且不論味道如何，輞川圖樣已然重現桌面，叫人食指大動，宋代富商多喜借用尼姑庵招待客人，也是其來有自。

菜色兼顧口腹與觀賞功能，稱為「看菜」，起源甚早，薦鬼神的食物算是最典型的看菜。祭祀者準備各種犧牲祭品，儘管獲邀的「客人」都不能到場享用，但祭祀者仍得講究，各種祭品都陳列在俎、豆、簠、簋中。俎是銅製的小案板；豆是帶蓋的高腳銅盤；簠、簋則是方形與圓形銅製容器，盛裝熟飯熟食，造價不菲，用以擺設食物，算是高檔看菜。祭祀之後，各種犧牲可不能浪費，這些看菜就進了與祭者的五臟廟；如果過於豐盛，還可以將一些胙肉分給賓客，算是「散福」，孔老夫子就特看重此事。

①春秋　楚國鏤空俎　②春秋　鑲嵌狩獵紋豆
③春秋　象首紋簠　④西周　雙耳弦紋簋

邊看邊吃的習慣，各地都有。古代羅馬人用特洛伊木馬的典故，製作一道名為「特洛伊烤豬」的看菜。將許多食材塞入烤豬的腹腔中，固定後上桌。取用時，只見服務人員一拉，烤豬的肚子裡掉下許多食物，賓客盡歡。羅馬皇帝尼祿的廚師也曾將兔子做成希臘神話中神馬佩嘉索斯 (Pegasus) 的形狀，與中國菜中裝飾盤子的意思差不多。泰國宮廷相當講究飲宴，置有專門工匠，精心安排花卉、雕刻水果，擺成不同圖案，與藏人酥油花相當類似，都能博得眾人讚嘆。

11 世紀，歐洲大體風調雨順，一般人的生活也相當富裕。貴族王公沒事自然要吃喝玩樂，看菜也大行其道，發展出具有特色的飲食文化。歐洲看菜稱為 entremets，這個法文字的本義為「飲食之間」，作為兩道菜之間的串場。有的主人為了表示用心，特別精心安排，將小麥粥、水果等食材，做成各種主題，有城堡，有花園，再將染成各種顏色的食材，做成花鳥蟲魚，搭配紅酒噴泉，水果假山，極盡娛樂之能事。英格蘭宮廷特別重視看菜，製作用心，還稱為「細活」(subtleties)。有的看菜往往出人意表，有位廚師將小鳥放入麵餅中，再當眾切開餅皮，小鳥飛出麵餅，讓不知情的客人感到新鮮與驚奇。

看菜行之有年以後，主人為了便於大家專心觀賞，乾脆挪到最後一道菜以後才上，以免辜負廚子的心血。久而久之，看菜竟成了散場的信號，提醒客人，飲食已經結束。中古後期，看菜變化成不能食用的裝飾品或表演行為，甚至還有些政治味。1453 年，土耳其人攻陷君士坦丁堡算是年度大事，歐洲各地的王室議論紛紛，許多宮廷的看菜也以君士坦丁堡之戰為主題。勃根地領主菲利普宴請賓客時，看菜主題就是這道，菲利普還當眾宣示，誓死「奪回」君士坦丁堡。不過，表演結束，曲終人散，君士坦丁堡還在土耳其人手中，再也沒有人提起這回事。

唐代看菜主題多為人俑，著名的一套看菜名為「素蒸音聲部」，拿麵團捏成各種歌伎，擺出各種演奏姿勢，讓人讚嘆不已。還有更實際的作法，無論達官貴人，飲宴時，直接擺上「看果、看食、看盤」，還特別聲明，這是「遵國初之禮，累朝不敢易之」。看起來，還是中國人的作法實際些，吃則吃矣，不需要太多花俏，也不需要太多政治。

「素蒸音聲部」是唐代著名的看菜，以麵團捏成各種歌伎演奏的姿勢。圖為唐　彩繪陶樂女俑

吃冷豬肉

不管古今上下，各個文化對祭天祀地一事，特別講究，所謂「國之大事，在祀與戎」，不管祭天、出兵，都要先準備牲禮祭祀。祭祀完畢之後，還要分享祭品，沾沾神恩，但這也有說法，「祀有執膰，戎有受脤」。執膰、受脤，都是分配祭肉。手執馨香，祝禱上蒼者，固然可以上應天心，號令群雄。但是如何分配祭品，可就是統治者表現意志的時候。不過這些祭品，還都是老祖宗省下來的。

祭祀免不了殺豬宰羊，不無賄賂之意。周天子每年冬至都要在城外南郊的圜丘祭天，所以稱為「郊祀」。祭祀宰殺犧牲之後，原本應當連同玉璧、玉圭、繒帛等祭品，一塊燔燒，讓煙火升騰於天，稱為「燔燎」。中國如此，猶太也這樣。猶太人燔祭時，必須選用無瑕疵的動物，牛、山羊、綿羊均可，用火燔祭。蘇美人、阿茲特克人也都有類似的祭祀活動。祭品燒成焦炭，旁邊陪祭的人只有乾瞪眼。還是咱老祖先比較惜福，設想也周到，認為煙火可以上達於天，水汽一樣也可以，所以逐漸改燔為煮，把大鼎扛到祭祀地點，熇火，把犧牲放到鼎中煮熟祭祀。

挪亞獻祭給上帝

滿洲人信奉薩滿教，祭祀的方法不同於漢人。大清朝建立以後，滿洲習俗也隨著入關，祭祀一項，就有點複雜，一方面要行中國之禮，祭天祈穀，要到天壇，夏至要祭地，則有地壇。不過滿洲人每天還要在宮中祭祀薩滿諸神，稱為常祭，春秋另有大祭。坤寧宮是皇后的居所，每天煮一口豬，祭祀之後，讓侍衛食用，稱為「頒胙」，胙者，祭肉也。以今日眼光而言，讓侍衛在皇后的寢宮吃祭肉，算是體恤部屬，按照中國古代的說法，可就真不「講究」。

清末天壇祈年殿

其實咱老祖宗是事事講究，祭祀用的犧牲也得毛色純一，才可以稱為「犧」，用於不同地方，還有不同的名稱，祭祀宗廟的叫「芻豢」，祭祀山川的叫「犧牲」。不過祭畢之後可就殊途同歸。主祭者將胙肉分割，分給宗室大臣，稱為「散胙」。誰都想弄上一塊胙肉，才顯得自己地位重要。

道學家對吃祭肉之事，有不同的看法：許多大儒並不指望成仙成佛，倒是對「配享文廟」有極大興趣。曲阜孔廟的廡殿中，一排長長的牌位，奉祀的都是發揚孔教儒學的大儒，孔門弟子之外，朱熹、邵雍、程顥也都配享文廟，享用歷代君王奉獻的「冷豬肉」。吃「冷豬肉」就成了讀書人努力的目標。

冷豬肉之為用，大矣。兩千六百多年前，周天子惠王駕崩，由兒子襄王繼位。他怕異母弟爭奪王位，祕不發喪，還派人向齊桓公

曲阜孔廟

求援。齊國表示支持，大局已定以後，襄王才敢發布自己繼位的消息。西元前 651 年，齊桓公在葵丘（今河南商丘市民權縣）大會諸侯，齊桓公親自擔任會長，各國都得派代表參加，表示支持。會中規定：同盟者必須遵守國際秩序、不可獨占水源、不可妨礙糧食運輸、不可隨便殺大夫。齊國算是當時的強權，周襄王原本欠了桓公人情，只得表示支持，派宰孔千里與會，還把王室祭過祖先的祭肉賞給齊桓公。這塊冷豬肉一方面表示周天子承認齊桓公的地位，另一方面，齊國也得承認周天子的地位。

要吃這塊肉之前，還有套儀式。《左傳》記載：襄王特別禮遇桓公，稱他為伯舅，還傳命：天子有事麻煩大臣，讓宰孔賜胙肉一塊。

桓公正要下拜接受賞賜，宰孔還說：王交代，伯舅年紀大，身分加一級，不用下拜。齊桓公也相當明白這只是種說法，立刻表示：天威不遠，咱要不下拜受胙，恐遭天譴，敢不下拜？於是下拜，上臺，接受這塊胙肉。讀者要有興趣看原文，不妨查查《左傳・僖公九年》的記載。這麼一小塊豬肉，有這麼大的功能，難怪大家搶著吃冷豬肉。

古人吃冷豬肉，還得講究各種禮節，不可以吃獨食，應與大家分享。孔老夫子重視禮節，當他有機會吃冷豬肉時，特別說明該如何享用。《論語・鄉黨篇》提到「割不正，不食。不得其醬，不食」，說切祭肉時，一定要誠意正心，要是祭肉切得不方整，就別吃；光是工整，沒有適當的蘸料也不行。蘸料稱為「醬」，大約是以米發酵而成的「醯」，說成白話就是米醋。

這種吃胙肉蘸醬汁的習俗一直保存，各地都有類似的吃法。雲南大薄片算是一種極致，把豬頭肉給切成紙樣的薄，淋上醬料，下酒、就飯都好。閩南也有吃「三層肉」（五花肉）的習俗，祭祀之後的一方豬肉，切成片，淋上大蒜泥醬料，家家戶戶都吃。市場賣小吃的攤販也都有，味道與周天子吃的胙肉相去不遠。

拿刀叉吃西餐

19 世紀，西方人憑藉著工業革命及海外擴張，經濟突飛猛進。火車連結各大城市，使得文化交流迅速；大海船不僅帶來許多新事物，也帶來許多新觀念。不僅生活程度提高，內容也有重大改變。原本的鄉村猛然間發展成大城市，英國的利物浦、法國的馬賽，連中國的上海都是新興城市。生活方式有重大改變，最容易表現在飲食之上。西方人原本用手抓東西吃，無論是漢堡、披薩、薯條，大家都用手拿著吃，這不奇怪，中國人有誰用筷子吃槓子頭火燒？倒是一些新食物如義大利麵，用手抓不合適，西方人才漸漸使用叉子。

咱先從兩個事例說起：西元 10 世紀時，拜占庭皇帝把女兒嫁到神聖羅馬帝國皇家，對神聖羅馬帝國而言，這門親事算是高攀，所以特別選在羅馬的聖彼德教堂舉行婚禮，由教宗親自主持，以示隆重。這位皇后長相如何，因為當時沒有相機，又不流行畫像，所以大家沒啥印象，倒是皇后帶來大批隨從，大筆嫁妝，史家仍津津樂道。最讓人議論的是這位皇后的生活細節，史家記載：皇后身著絲裙、寶石冠頂、每日沐浴、文采斐然，而皇后用一把叉子吃飯，讓大家驚訝莫名。時人記載，「皇后拿著兩齒金叉，將食物送入口中」，

嫁到神聖羅馬帝國的拜占庭公主

這大概是西歐社會第一次看人家用叉子吃飯。

幾十年後，另一位拜占庭皇室貴胄也嫁到威尼斯總督家中，婚禮就在君士坦丁堡皇家禮拜堂舉行。幾個月後，公主才帶著豐厚嫁妝前往威尼斯定居。義大利人並不喜歡這位公主，說她驕奢成習，嫌威尼斯的水不乾淨，專門收集雨水沐浴；說她過度講究，不用手進食，而用二齒金叉，將食物送入口中。這種少見多怪的事，層出不窮。法國國王路易十四一輩子都是用手抓東西吃，對叉子是嗤之以鼻。

沒想到 17、18 世紀以後，英、法等地的貴族也開始使用叉子，嘗試新傳進的義大利麵食，城裡人也個個欣羨，前仆後繼的效法，當年拜占庭公主使用的餐具頓時成了身分與文化的表徵。19 世紀末，刀叉堂而皇之取代雙手，成為西方上層社會的唯一餐具。上海也得風氣之先，從 1850 年代起，就有使用刀叉的西式餐食。

「西餐」這兩個字何其沉重。1845 年，上海道臺宮慕久與英國領事巴富爾簽了一紙《上海租地章程》，將黃埔江灘上無人之地租給英僑民居住，近代中國就出現了「租界」。英國人要吃要喝，總不能餐餐嗆蟹、小籠包，自己開火又不方便，自然有善體人意的英國鄉親弄個小廚房，提供餐食。法國人更講究，不但要吃「家鄉菜」，還得要紅酒、乳酪佐之，餐具要對，氣氛一樣不能少。西方租界就成了西餐輸入中國的頭一站，但當時不叫西餐廳，而是「番菜館」。總有些好奇心勝於懼怕的中國人，進了番菜館，試試洋人的食物。英國人的食物能好吃到哪去？大家印象深刻的是飲料與餐具。老舍《茶館》描寫王利發為了趕上時代，也得進西餐廳，看看咖啡、冰淇淋是啥味道？

1897年，德國占領咱們膠州灣之前，德國皇帝先派了海靖公使來華，隨時預備生事，找到藉口就要出兵。海靖這個人心術不正，他的夫人也是頗有爭議之人，平常老在日記裡說東道西，這原屬個人隱私，但後來日記出版，就可受公評。海靖夫人特不喜歡北京，除了寒冷、空氣不良之外，對北京的飲食也有相當批評。有一回，海靖夫人隨著丈夫到了上海，受到上海道臺蔡鈞熱忱款待。根據海靖夫人描述，晚宴中西合璧，有國樂伴奏，有西式餐點，賓主盡歡。海靖夫人對蔡鈞讚不絕口，認為是有文化的能員。蔡鈞果然也官運亨通，一直幹到駐日公使，官居四品。充滿文化偏見的德國官夫人特別「表揚」中國官員，可見飲食對人際關係的重要，也可看出上海文化與其他地區的差別。

海靖的夫人

現代人生活富裕，沒事喜歡整點好吃好喝的，烤鴨太俗，燕窩、魚翅不夠環保，要顯示身分，還能表現品味，莫如拿刀拿叉。吃西餐可得有點技巧，許多人時不時還會出點洋相，滴醬汁、掉雞腿都算事小，有人用刀子叉起食物就往嘴裡送，也有人一叉子叉起整塊牛排，送到嘴邊，一口一口地咬。還把當初王利發視為苦藥水的咖啡視為摩登，甘之如飴。許多人還真願意到星巴克花錢享受。不過年輕人使起刀叉已經挺順手，完全可以融入西方情境，難怪電視劇編劇要描繪現代人生活，一定安排男女主角吃牛排、喝紅酒，就是希望證明中國人一直朝著潮流中央挺進。

歐洲餐具

餐具與食品間存在著一種美妙的關係，適當的食器，可以襯托食物的美味，也可以透露出文明進化的訊息。銅器為中國重寶，主要的功能原與飲食有關，烹飪的鼎、裝盛的簋、喝酒的爵，都屬此類，後來才發展成禮器，也只有貴族豪強能使用，「鐘鳴鼎食」四字可以說個大概。

西方食器的功能較為單純，古代地中海區有許多陶製器皿與玻璃容器，埃及、希臘、羅馬人都用。龐貝古城發掘中，還可以看到這類餐具的紀錄，但保存不易，沒有太多的政治象徵。日耳曼各部落進入歐洲以後，受到物產的影響，日常以麵包為主食，以手取食，並無不便。吃燕麥粥時，一把木製湯匙也夠用，一旦能吃些烤雞、肉品，就可如齊人般，驕其妻子，不過也都用手撕擄，無須餐具。如果貴族們真需要用湯匙，則用黃金、白銀打造，歐洲人說一個人命好，稱為「含著金湯匙出世」，並非無的放矢。

歐洲人這樣的進食方式，延續上千年，鮮少有人在意餐具為何，也不將之視為文明進化的指標。拜占庭宮廷使用的叉子在近代以後，傳入歐洲。當時歐洲學者還大為詫異，怎麼能使用類似農具耙子的東西吃飯？法國國王路易十四就一直不喜歡餐具，用手抓著吃。現在歐洲許多小村莊的餐館中，還是標榜「鄉村風格」，以磨坊、水車或是穀倉為主題，用長木頭桌子，坐板凳上，還拿木頭板子當盤子，幾片麵包，塗上豬油、黃油，幾片培根、燻肉，一杯村酒 (country wine)，簡單樸實，沒有米其林三星的奢華。一恍神，還真以為到了工業革命以前的世界。這些鄉村客棧使用的木製餐具，足以反映歐洲近代以前的主流飲食文化。

歐洲古董市場中，除了金銀製品外，還有許多白鑞 (pewter) 餐具、器皿流通。白鑞是錫與銅的合金，雖不如金銀貴重，但也所費不貲。中古時期，也只有富貴人家使得起，還代代相傳。現在各項競技中，獲勝者頒發獎盃，就是白鑞器皿的遺意。

13 世紀以後，阿拉伯商人將來自中國的新器皿介紹到歐洲，無論樣式、材質，完全不同於歐洲人所習見者。義大利人有地利之便，有幸率先認識這種中國新貨，卻無以名之，自觀察中得到靈感，認為無論觸感與色澤，均可與海中貝殼 (porcellana) 比擬，故稱之為 porcellana，各國語言多沿用此種稱呼，德語稱 Porzellan，西班牙語為 porcelana，法語叫 porcelaine，英語也維持這種概念，稱為 porcelain。商人習慣以其來處「中國」(China) 稱之，歐洲人自此認識中國瓷器。

海路大通之前，瓷器經陸路運輸，跋涉千山萬水，價格自然甚昂，但因質地堅硬、色澤光潤，比起白鑞器皿，自然強上許多，達官貴人不免都想蒐集。但即便富貴之家，也捨不得用之為餐飲之具，全擺在家中醒目之處，炫耀財富。奧地利的哈布士堡王室曾經權傾一時，也有地利之便，維也納皇宮「賀夫堡」(Hofburg) 的瓷器大廳便是琳瑯滿目，裝滿明代青花瓷器。這種誇飾作風，還引起時人仿效。普魯士王菲特烈二世也效而法之，在波茨坦的無憂新宮 (Neues Palais im Park Sanssouci) 中整建一個中國廳 (Chinesisches Haus)，在

無憂新宮中的中國廳

柏林的夏洛特宮 (Schloss Charlottenburg) 也有個瓷器廳 (Porzellankabinett)，引起許多讚嘆、羨慕。上有好者，下必甚焉，歐洲的新富新貴，也都要弄兩件瓷器，顯示自己身分與品味，所以 16 世紀以後，歐洲商船絡繹於途，將一船船中國與日本的瓷器運回歐洲。瓷器價格也因此降低，逐漸走入平民生活之中。

在此同時，中國的茶葉與近東的咖啡也隨著海船到了歐洲。起初，歐洲人根本不知道茶與咖啡為何物，又苦又澀，不能消受，過了一段時間，眼瞅著喝的人沒事，還有點陶然自得，上流社會才開始效顰，熱飲之風乃稍盛。歐洲人原本不喝熱水、也沒有熱飲。從希臘羅馬人起，一般人喝兌水的酒，喝啤酒，喝果汁或牛乳，多使用玻璃杯、陶土杯或是白鑞杯子，一旦要喝熱飲，杯具導熱、燙手，頗有不便，必須另有範式、規矩。

16 世紀以來，許多歐洲人見到瓷器精美，價格頗俏，一直企圖仿製，但總是不得要領。18 世紀初，德國邁森地方一位貴族原本相信煉金術士之言，耗盡家財，雖沒有煉出黃金，卻在無意之間製出瓷器。1712 年時，住在景德鎮的法國耶穌會士殷弘緒 (Francois Xavier d'Entrecolles) 也將所見所聞的瓷器製法傳回歐洲，法國開始試著仿製瓷器，殷弘緒算是工業間諜的先驅，影響工業產值甚大。德、法等地開始生產瓷器以後，瓷器逐漸成為歐洲日常生活器皿，喝茶有茶杯，喝咖啡也有咖啡杯，連盤子都使用瓷器，歐洲的飲食文化才開始飛躍發展，不過細算起來，才三百年而已。

筷　子

人類在曠野生活，四處覓食，找到啥就吃啥，並不特別講究食具，直到今天，吃西瓜，葡萄，也不見得一定得拿個刀叉，當然，還真有講究小資風情的人，吃葡萄乾都得用水果叉。見到這種人我也只能納悶，為何不使筷子，不是更自然些？中國人使筷子不是都使了三千年了？

筷子是個現代說法，以前人管「筷子」叫「箸」。至今，閩南語與客家話仍稱筷子為箸，保存正音。《禮記》中指示「飯黍毋以箸」，意思是吃米飯時不要用箸，以免扒飯時叭達叭達響，不禮貌，估量當時人除了箸以外，還使用杓子之類的餐具。《禮記》還提到另一種餐具「梜」，說「羹之有菜者用梜，其無菜者不用梜」。這梜應當是個公用的餐具，從鼎（大鍋）裡取用羹湯，可以用梜來取菜，別拿個長柄杓子，跟撈魚似的到處撈。劉邦的哥哥劉伯對劉邦不壞，可是劉邦的嫂子卻對劉家老二有意見，劉邦帶人回家蹭飯，這位嫂子拿梜刮著鼎，弄點聲響，讓劉邦知道，鍋裡沒東西了。劉邦稱帝後，對這位嫂子還有點舊怨，封其子為「羹頡侯」，意思是要他回去問問他媽：還有沒有湯飯可以待客？

長沙馬王堆漢墓出土許多與飲食有關的器物，看出墓主軑侯夫人辛追生前的狀況，餐具包括小刀、叉子、杓，顯示當時這些富貴人家飲食繁複，必須用到各種「工具」。這是在家中有人伺候，可以

馬王堆漢墓出土的飲食器具

講些排場，要是出門在外，工具不趁手，或是一般平民百姓，吃飯沒有什麼花樣，所需的餐具一定相對簡單。兩千二百多年前，項羽與劉邦會於鴻門，雙方劍拔弩張，說是吃飯，自然沒有心思。劉邦的連襟樊噲闖席，項羽叫人上一份生彘肩（生豬前腿），也沒有餐具，樊噲將之置於盾牌之上，拔劍切塊而食。當然，樊噲屠狗出身，刀法利索，用不著刀、叉或是筷子，一般人到了這場景，恐怕連食慾都沒了。

平民百姓能吃的東西有限，范仲淹念書準備考試，每日煮粥，放點野菜，置涼後劃成幾塊，「日食虀粥一角」，也能考上科舉。像鄭板橋在家書中交代，要弟弟給來家裡的老農奉上一碗熱粥，算是好的。吃這些東西，哪裡需要杓子？碗裡要有點剩菜葉子，拿雙筷子一挑，也就能吃得乾乾淨淨，您說筷子多方便，而且用啥材料都行。一般人大概以竹筷子為主，所以箸、筷都從竹字邊，其他有用木頭、用銀子，甚至黃金、象牙。《韓非子》書中提到：紂王用象牙筷，他的叔叔箕子心生畏懼，因為用象牙筷子，必然不用土鍋，不吃粗食，不穿布衣，不住茅屋，則離亡國不遠，一雙筷子可以看出國運，真可以改行算命。

雖說不同階級有不同的飲食內容，但餐具卻漸漸趨同，飲食相關的文獻紀錄中，有關筷子的紀錄增加，出土文物也說明筷子成為重要餐具。朱元璋建立明朝，大封諸子，把魯地封給第十子朱檀，建國於濟南。朱檀的墓於1970年發掘，後來山東博物館展出許多文物。在陪葬物品中，可以看到許多魯王使用的器物，鍋碗瓢盆，大小容器都有，其中一雙銀鍊筷頗引人注意。兩枝筷子用銀鍊鎖在一起，使著方便，也不容易丟，還可以自我訓練如何正確使用筷子。

說到這一點，不免對現代人的基本教養有點意見。根據專家研究，使筷子需要協調手部許多肌肉，小孩子發展不完全時，筷子是使不好的。現代人老給小孩使調羹，到長大了也不肯改，這下可好，許多人漸漸使不了筷子。每回到館子裡，隨處可以看到各種使筷子的怪模怪樣，有人像拿筆，有人則像使叉子，更有人拿起兩枝筷子，好似舉起千鈞重擔；更有人捨不得手上筷子，說事也拿著比劃，好像當年張良要「請藉前箸，為大王籌之」。

鍋具

討論飲食時，鮮少有人記得討論烹調工具，其實，工具才是決定人類「吃什麼、怎麼吃」的重要關鍵。就拿煮湯這件事說吧，要是您家裡開火的話，煮鍋湯倒也相當容易。不論使的是瓦斯爐、電爐，用的是鐵鍋、鋁鍋，只要鍋裡放水，爐火一開，不消多久，水便沸騰，無論葷腥或是蔬菜，都是一鍋湯。要簡單的也有，拿泡麵、罐頭或冷凍食品往鍋裡下，也是一鍋，都能飽人。

可是可曾想過，五十年前，大多數城市居民要能使用煤球，就算是文明，但可就沒有那麼方便。遇到天雨，能燻出一屋子煙，煤球還是老點不著。要再往前推五十年，家家戶戶可都只有柴火，不但不方便，沒事還可能走火，咱老祖宗留下「曲突徙薪」這句話，應該是總結了不少慘痛教訓所得。

「曲突徙薪」是漢宣帝時的故事，距今兩千一百年。當時大多數人應當有廚房、有灶，才會有這樣的故事。對咱們來說，可不覺得有個廚房是怎樣大不了的事，但對漢代人而言，這已經是進步的表徵，尤其漢代人可以用鐵鍋燒飯，不僅加熱均勻，還不是一碰就壞。君不聞「羹頡侯」的故事，劉邦要不是聽見大嫂拿鍋鏟敲鍋子，弄出很大聲響，受了這份窩囊，也許還不會橫心起兵造反。

從漢代再往前推五百年，到了春秋時期，一般人使的可不是鐵器，而是竹編的飯簍、陶製的湯罐，孟子說的「簞食壺漿」就是這般景象，不過能使用這些器具，也強過他們的老祖宗許多。四千年以前的龍山文化時期，屬新石器時代，人們普遍使用簡單的陶器，無論鍋灶、碗、盆、甑、鬲都是用陶土捏出形狀以後，高溫燒烤，硬化以後使用。考古學者在江西上饒的仙人洞遺址中發現一處更早的舊石器晚期遺址，距今大約一萬年。學者推測，出土的陶鍋用來煮食稻米，算是歷史上最早出現的陶鍋。

人類到底使用了多久的陶器，還真是因地而異，有的人很快就掌握煉鐵技術，使用鐵鍋，也有的地方至今仍以陶器為主要炊具，不過並不妨礙吃飯，就連鍋具還沒有發展之前，人們也能燒湯：用三根柱子，支起獸皮，放入食材後，可以在柴火上加熱，功能與鍋子無異；也可以在地上挖個小坑，鋪上樹葉，灌入水，丟入燒熱的石頭，不一會，水也能煮開，至今臺灣的原住民仍有這樣的野炊技能。比起來，陶鍋算是進步的。

中國人使陶鍋，西方人一樣也使陶鍋，希臘稱「陶鍋」為chutra，羅馬稱為aula，都是陶土捏的罐子，燉湯燉菜都行，就是一摔便碎，中國諺語「瓦罐不離井上破」，到了西方一樣適用。

猶太教經典《利未記》交代猶太人如何保持衛生，要猶太同胞小心傳染病，瓦罐陶鍋中要是掉進了動物的死屍，就不可再使，以免發病。如果有任何不乾淨的東西掉在鍋具中，不管是爐子還是鍋臺，都要打碎，說明當時一般人使的廚具都是陶土製品。當時也有些高檔鍋子如鐵鏊，可是獻祭時才能使用，就好像春秋時期，天子祭祀天地、祖先時，才把大鼎扛出來，平常還真捨不得用。

到了中古時期，歐洲人還是使用土灶，倒是改用鐵製小鍋(cauldron)。這種圓底、帶把的小鐵鍋，類似鋼盔，使用時吊在火塘上，把所有能找到的食材往裡頭放，就是一鍋粥。可千萬別小瞧這鍋粥，世界各地的人都是靠著吃這鍋連湯帶菜，還有點穀子的粥過日子。

如果有人說：不管土鍋、鐵鍋還是陶瓷鍋，既然千百年來，都是煮同樣的東西，討論這麼多的鍋具，有何意義？沒錯，從石器時代至今，烹飪的基本概念並沒有太大差別，無論電鍋、不鏽鋼鍋還是壓力鍋，做出來的米飯，跟五千年前的甑、甗都一樣。不過在文化發展的過程中，意義可不一般。古人老說：「人之異於禽獸者幾希？」其實，原本人還真不如禽獸，跑不快，跳不高，連穀粒都無法消化。雞、鴨能吃穀子，牛、羊能吃穀子，人要抓把米吃，您看能不能消化。不過人類能夠製造工具，把穀子煮軟了，就能下肚。從此以後，人類吃出心得，開始努力蒐集穀子，還刻意澆水、施肥，就怕穀子長不好，快成熟時，還得守在那，以免他人不勞而獲。此後，人類開始定居、闢建渠道，發展各種農具，就為了多生產糧食，養活多一點人。過了幾千年，地球上的人口翻了幾百翻，不都是因為一口鍋子？

到了中古時期，歐洲人開始用鐵製小鍋(cauldron)，將它吊在火塘上，把所有食材放入，就成一鍋粥

罐頭由來

罐頭食物相當方便，不僅保存容易，也可以製成各種口味，鹹淡皆宜，隨時可食。相較之下，時下盛行的冷凍食品固然方便，卻受到電源及設備限制，野外活動時就沒有如此便利。罐頭問世約兩百年，時間不長，卻足以改變人類的生產行為與飲食習慣。原本因保鮮問題無法大量出口的食材，一旦製成罐頭，便可飄洋過海，行銷世界。罐頭價格便宜，尤其受無產階級群眾的歡迎。當年在德國念書時，經常拿東歐牛肉罐頭，擱點五香、八角一燉，便是一鍋牛肉湯，麵條白菜同入，一頓飯就有著落，稱得上物美價廉。

近代工業發展多先從輕工業做起，食品加工與紡織業算是兩個先行指標，逐漸帶動各種產業的發展。罐頭雖屬食品工業，起初的發展卻不見循此路徑，倒是與軍需工業有關。古語說得好：「皇帝不差餓兵」，自古征戰之際，首先要解決吃飯問題。一般糧食要不就是烹調不易，要不就不耐久放，征戰之際，伙食還真是問題。《水滸傳》中，魯智深到瓦官寺與崔道成與邱道人廝殺，因為「肚裏無食，又走了許多路途」，不敵兩人。幸虧碰到史進，將帶的乾肉燒餅讓魯智深吃個飽，才能回頭打敗崔道成，可見伙食是致勝之道。所以秦末諸雄爭霸之時，項羽下令破釜沉舟，讓軍隊了解，不打勝仗就得挨餓，果然大敗章邯。軍隊飲食影響作戰能力甚大，明矣。一旦軍用不足，或是糧草未至，大軍就必須就食於民，軍事行動中真正能夠做到秋毫無犯者，少之又少，歷史家才會書而榜之。

歐洲歷史發展中，也有類似問題。近代以前，歐洲盛行傭兵制度，農民生活無著時，只得加入傭兵隊，為錢而戰。17 世紀中期，德意志地區因為宗教衝突，發生三十年戰爭，雙方戰鬥主力都是傭兵隊，一旦雇主供應不上，傭兵隨時倒戈，軍紀敗壞，所到之處，破壞莊稼，民家都得遭殃。這場戰爭中死傷慘重，並不都死於戰鬥，讓各國君主體認傭兵不可靠，才改弦更張，要組訓軍隊，也得思考如何供應軍糧。

1795 年，拿破崙擔任法國陸軍統帥，下令解決軍隊口糧供應問題，軍方乃懸重賞向民間企業徵求保存食物方案。巴黎的糕餅商阿佩特 (Nicolas Appert) 為此潛心研究。他注意自己販賣的果漿、葡萄酒等食品中，有些玻璃罐密封的食品不易變質，仔細觀察、反覆試驗後，終於在 1804 年揭下榜文，向軍方提出研究心得。他的作法倒也不難：將食材裝入廣口瓶中，置於沸水鍋中加熱三十分鐘以上，趁熱用軟木塞塞緊，再用鐵線固定瓶蓋或用蠟封死，以阻絕空氣，食物便可保藏而不腐，現代罐頭雛形於焉出現。至今歐洲許多家庭自製果醬、兔肉罐頭，仍是沿用此法。無怪乎當年法國軍方一試之後，認為其作法可行，也依諾頒發獎金。

糕餅商 Nicolas Appert 發現以玻璃罐密封的食物不易變質

不過玻璃瓶裝的食物，不耐碰撞，玻璃罐自身也有相當重量，長途運送，仍有其侷限，軍用罐頭還需進一步發展才行。英國商人杜蘭 (Peter Durand) 在法國食品保存技術的基礎上，繼續研究。他把三十多磅的肉品調製處理後，放在鐵皮罐中密封，由英國海軍帶上出航船隻，實況測試。六個月後，船隻返航，罐頭肉質仍然完好，風味未曾改變，英國政府隨即頒發專利。軍用罐頭於焉問世，但初期因飲食習慣改變不易，使用時並不方便，並非廣受歡迎。當時罐頭形制沒有規範，也尚未發展出開罐工具。罐頭一旦交到士兵手中，還得要費一番功夫，刺刀、斧頭全都用上，罐中的食物才能到口。1855 年時，才有英國人業慈 (Robert Yeats) 發明開罐器，解決此一難題。

罐頭發展初期，售價不菲，也經常有中毒的意外事件傳出，社會大眾普遍不接受這種新式飲食，只有軍隊或是行旅才會購買，還得冒著生命危險。1862 年，法國科學家巴斯德提出食品腐敗與細菌的關係後，罐頭生產工序改變，高溫蒸氣殺菌可以防止食物腐敗，但是罐頭封口鉛條仍可能導致慢性中毒，防不勝防。1845 年，英國遠征隊準備大量罐頭食品，前往北極探險，隊員食用鉛條封口罐頭長達三年，都出現鉛中毒的症狀。這事要發生在現代，準是個社會事件。

眼下各國都重視軍隊伙食，禮聘專家精心設計，講究營養均衡，色香味俱全，還有菜單可供挑選。講起軍隊埋鍋造飯，有幾人能夠體會？

1845 年前往北極探險的英國遠征隊

菸 草

教宗亞歷山大六世活躍於 15 世紀後期，原本不甚了了，前一陣子，忽然成為媒體關注焦點。義大利、法國和美國都推出以他為主題的電視影集。這位教宗於 1431 年在西班牙的瓦倫西亞出生，不過當時西班牙這個國家尚未成形，小國林立，伊比利半島還有許多地區控制在阿拉伯人手中。1492 年，亞歷山大當選教宗時，哥倫布正好率領船隊抵達拉丁美洲，開啟了西班牙與葡萄牙海上競雄的局面。亞歷山大為避免紛爭，於 1494 年召集西葡兩國代表，將地球一分為二，以「教宗子午線」為界，西班牙人往西，葡萄牙人往東，這說明何以最早來華貿易的西方商人都來自葡萄牙。16 世紀末，葡萄牙國王死後無嗣，西班牙國王菲利浦二世繼承葡萄牙王位。自此，西班牙人才可以東來，不僅貿易，也攻城掠地，獻給國王，其中一大塊稱為「菲利浦的土地」，就是今日的菲律賓。

教宗亞歷山大六世召集西班牙與葡萄牙代表，劃定殖民勢力分界線，即「教宗子午線」

美國人拍的《博基亞家族》影集中，只見亞歷山大拿起船員自拉丁美洲帶回的雪茄，吞雲吐霧，狀似享受。這個景象，雖然時間吻合，恐怕也只是編劇的「想當然耳」。亞歷山大死於 1503 年，當時絕大多數歐洲人還不知道菸草為何物，遑論吸食。菸草要到 16 世紀中期以後，才逐漸在歐洲海員與下層社會之間流行開來，亞歷山大的周遭人士不太可能接觸這種新鮮事物。

16 世紀後期，菸草也隨著歐洲海員輾轉進入中國，流行於下層社會。17 世紀初，許多文人都記載「淡巴菰」，正是音譯自西班牙文的 tabaco。1611 年前後，姚旅記載：「呂宋國出一草曰淡巴菰，以火燒一頭，以一頭向口，菸氣從管中入喉，能令人醉，且可辟瘴氣」，說的就是雪茄。明末清初的談遷，著有《棗林雜俎》一書，專記各種事件、人物、地理、風俗。書中記載：「金絲煙出海外番國，曰淡巴菰，流入閩粵，名金絲煙」。當時人認為菸草性燥、有毒，能殺人，所以明朝政府主張禁煙，下令私自販售者，可以處死刑，只是沒有多大成效，連著名的二臣洪承疇都反對。

洪承疇降清之前原擔任大明朝兵部尚書，治軍有方，能與士兵共患難。明朝危急之際，親自率軍對抗滿洲。他的部隊中吸煙者眾，「嗜此若命」，當崇禎皇帝要禁斷吸煙之習時，洪承疇特地上奏，為士兵請命，認為戒斷菸草妨礙軍心，可見 17 世紀初期，菸絲已經盛行於中國中下階層。

種植菸草之後，如何吸食也是一門學問。吸煙方式不斷改變，從捲菸燃燒、研粉吸鼻煙到嚼食菸草都有。現代人認識菸草，多為香菸，這是菸草發展史上較晚近的階段，但因為吸食方便，才流行於全球。古人採收菸葉之後，將之晒乾，或切成絲，成為旱煙，或捲成雪茄，並不添加任何物品，算是原汁原味。後來才有人將菸草研成粉末，直接吸入鼻孔之中，味道嗆辣，非得要煙癮極重者才能消受。歐洲鼻煙興起於 17 世紀以後，德國、法國兩國人士頗講究此道，喜歡將各種香料混和到鼻煙裡，裝盛於精緻容器中，不僅吸食，還可以把玩，算是精緻文化的重要環節。早期耶穌會士多為貴族出身，對鼻煙頗為了解，將之介紹到中國，也流行了好一陣子。清宮廷留下許多鼻煙壺，多是乾隆命巧匠所製，作為賞賜之用，鼻煙的功能反倒是其次，臺北故宮博物院中還存有許多。鼻煙味道強烈，一旦吸入，直衝腦門，還不是一般人能夠消受。這兩年，環境意識高漲，許多公共場所都禁煙，歐洲又開始流行鼻煙，癮君子癮頭一上來，吸一小撮，立馬解饞，還不製造煙霧，妨礙他人，不算違規。

現代人所稱香菸，原本稱做菸捲，西方稱為「小雪茄」(cigarette)，比煙斗、雪茄都方便。19 世紀中，歐洲發生幾次大規模戰爭，兩軍對陣之際，士兵多半沾染吸煙之習，但煙斗並不方便，吸食雪茄更是費錢，小巧的捲菸因此大為流行。商家把菸草剁碎，加入助燃物質，捲在紙捲中即成，不容易熄火，下腳料也不浪費，售價因此便宜許多，大受歡迎，席捲各地市場。兩次大戰期間，香菸還成了正規補給品，也助長吸食之風。這兩年，民生富裕，許多雅士講究生活細節，雪茄成為新寵，時尚人士呼朋引伴，在專門會所中來上一杯紅酒，吞雲吐霧，貌似神仙，還能彰顯身分與品味。

洋食物

仔細研究近年來報章雜誌、新聞媒體最熱門的話題，「國際化」一定名列前茅。前一會才告訴您世界是平的，這一會又說人類已經進入地球村時期。不僅國界越來越模糊，就連洲與洲之間的距離也越來越近。且別說觀光旅遊，可以親自出國體驗，站在國內街頭，只要舉目四望，也可從市招中體會一二。1980 年代，開始有美式炸雞、法式糕點，現在到處還有越南小吃、泰緬料理、韓國石鍋拌飯；更不消說新疆大盤雞、蒙古手抓肉了。

電視正流行穿越劇，不免尋思：如果起乾隆於地下，可能要問：朕的大清皇朝哪去了？的確，三百年功夫，北京變化可大了，不僅汽車取代馬車，胡同變成了高樓大廈；辮子鉸了、衣著服飾變了，就連每天喝的茶水，都讓咖啡、可樂給取代了。但是大清朝也變了前人的舊法，明成祖固一世之雄也，北京有現在的樣貌格局，要算頭功。他要是穿越到乾隆時代，也得大吃一驚。北京人說話怎麼這個味？沒事捲著舌頭，還一口一個奴才，一句一個喳。衣冠變了不說，連吃食也都不同，什麼是薩其瑪？什麼是它似蜜？沒聽說過。真要細數生活與飲食的變遷，大家不免驚訝，原來古人也時時都有新體驗，並不稍遜現代。

一萬年前，西亞地區居民首先馴化野生小麥，不但製成各種主食，也可以釀酒，西方啤酒的年歲，比起咱杜康還要大些。此後，小麥不斷向各地傳播，六千多年前，出現於歐洲；三千多年前，到達東亞地區。大概殷商時期，咱華北地區居民已經逐漸將麥子作為主食。

儘管都是麥子，各地食用的方式還不一樣：西亞與埃及的居民用保溫耐熱的石材砌成爐子，柴火燒熱後，把擀平的麵團放入，一會兒就烤出一張張薄餅，統稱為麵包。中亞游牧民族經常遷徙，爐子搬運不易，發展出變通之法：先在地上挖個窄口廣腹的大洞，稱為坦都爾 (tandoor)，無論麵團或是食材，都由橫放改成直立燒烤，麵餅則稱之為饢(naan)。最早波斯人這麼稱呼，至今仍廣泛流通於西亞到南亞各地，印度、新疆，都稱之為饢，也都以之為主食。

坦都爾

中國發展出來的烹飪技巧不同，打石器時代開始，中國人便使用陶製的「甑」，陶土製成的兩截鍋具，下頭燒水，上頭有一口打了眼的土鍋，所有食物都可以放入甑中，蒸著吃，流行數千年而不衰。《西遊記》中，各種妖怪想方設法誘捕唐僧，卻不約而同都要把法師蒸了，就是這個道理。中國人還會拿一口大鍋（鼎），將各種食材一塊放入，煮成一大鍋，統稱為羹。肉多些，叫肉羹；菜多些，自然算是菜羹。如果要煮人，可就不知該不該稱為「人羹」。當年項羽威脅劉邦，要把劉太公給煮了，劉邦還不忘調侃，咱們約為兄弟，「吾翁即若翁，必欲烹而翁，則幸分我一桮羹」。

麥子進入中國以後，也還是磨成粉，揉成麵團，東漢劉熙寫的《釋名》中說：「餅，並也。溲麵使合並也。」烹調時，一方面遷就既有的工具，也為了節省燃料，老祖宗就把麵團放入甑裡頭蒸，是為蒸餅，要放到鼎湯中，就是湯餅，都是簡單、省事而且經濟的作法。蒸餅，現在稱為饅頭；湯餅自然與麵條關係匪淺。魏文帝曹丕要試試人稱「敷粉何郎」的何晏是否真的擦脂抹粉，宣他大熱天入宮，還賞吃湯餅。何晏汗流浹背，用袖子擦拭，不但沒有「糊妝」，還「色轉皎潔」，說明他沒有敷粉，咱們也因此知道，何晏吃的應該是熱湯麵。

到了漢代，跟外國接觸變得頻繁，浸染不同文化，飲食的內容與方法也有些變異。饢也在此後大量進入中國，當時稱為胡餅或爐餅，以別於湯餅、炊餅。製饢的方法也開始在中國推廣，各地都有貼爐燒餅。坦都爾式燒烤其實不難，找口大缸，模擬窯的狀態，炭火燒熱後，麵團貼到爐壁上，利用輻射熱，一會兒就能香味四溢。這種窯烤坊方式自西而東，由北向南，走入群眾。除了各地都有的燒餅油條、鍋盔之外，還有些地方特色，陝西的泡饃、北京的芝麻

①麥子進入中國後，也還是磨成粉，揉成麵團，放入窯中烤。圖為完整的乾饃。

②將乾饃撕成指甲大小的塊狀。

③將撕碎的饃下鍋，與羊肉湯、冬粉同煮後即成羊肉泡饃。

燒餅、山東的槓子頭、江蘇的黃橋燒餅都是。南方烤餅來源較為複雜，可能是魏晉時期南遷的移民傳入，也可能與宋代以後海上交通發達，阿拉伯人在華南聚居有關。

10 世紀以後，泉州成了世界貿易中心之一，許多阿拉伯商人到此經商，也得吃飯，就這麼到處找饢、吃饢。饢不僅便於保存，取用也方便，因此廣受歡迎。明朝中葉，戚繼光長期練兵抗倭，常以饢為軍糧。往後，閩南地區就將烤小圓餅命名為繼光餅，或者就稱之為「光餅」，大清朝中，又隨著閩南移民進入臺灣，可是鮮少有人知道光餅因何得名。

臺灣還有一種爐烤的胡椒餅，入臺時間更晚些。原本中國各地都有餡餅，無論豬、羊、牛肉皆可為餡，或油煎為餡餅；或乾鍋烙成烙餅、盒子；如果貼爐烘烤，則成了烤餅。1960 年代，有些渡海來臺的居民還會烤餅手藝，弄一個大汽油桶，內層敷上水泥，加個上蓋，就是座簡便的坦都爾烤爐。把瘦肉切塊調味，可得多放些糖、醬油，包入麵皮中，灑上少許芝麻，進爐燒烤。一下子就肉香四溢，點心、正餐皆宜，吸引許多客人等著出爐。這種貼爐烤餅大約最早是幾位福州老鄉經營，生意不惡，效法者頗眾。當時也沒有商標法，大家都自稱正統、老牌、地道，也沒人深究是否真是來自福州。但福州鄉親發音不同於閩南，「福州餅」聽在本地人耳中，竟成了「胡椒餅」。不少人還納悶，為何胡椒餅中胡椒不多？現在臺灣各地的胡椒餅，都應當正名為福州餅才是。

西方傳入的胡食種類甚多，本土化過程中，也產生一些適應的問題，許多人習慣祖輩相傳的味道，對洋食物還真有些排斥。《太平御覽》記載，東漢靈帝好胡風，不僅喜歡中亞風情的裝扮，還吃胡食，聽胡樂。上有好者，下必甚焉，洋玩意蔚然成風，京師中的達官貴人紛紛仿效，樂此不疲。南方人到了北方，就頗不以為然，晉朝的張翰，任官中央，沒事總要想起故鄉吳郡（蘇州）的蓴羹、鱸魚。4 世紀以後，匈奴、羌等外族紛紛進入中國建立政權，他們的文化也成了主流，除了胡餅以外，其他各色食物也都能上桌。到了北魏孝文帝遷都洛陽後，更有大批胡人進入京師，城中充滿異國美食，熱鬧非凡，當時有個「四夷里」，就像是清朝末年的東交民巷，專門接待外族，市面上販售的也多為胡食。

魏孝文帝時的王肅是王導的後代，幼年時居住南方，飲食習慣不同於洛陽。初到洛陽之際，不慣胡式羊肉、酪漿，經常想念鯽魚羹與茶。日子長了以後，雖然漸漸習慣，大家還是知道他的好惡。一回，王肅陪孝文帝吃飯，羊肉與酪粥當前，孝文帝不免好奇：問羊肉與魚羹孰美？茗飲與酪漿又是哪一個好？就好像今日，您要問炸雞與燒雞孰美？也是見仁見智。王肅回答巧妙，兩不得罪，史家特為書之。

不只是王肅，其他居住洛陽的南方人也都思念家鄉飲食。商人靈機一動，就在洛陽城邊的伊水、洛河邊上，捕撈販售魚蝦，稱為「魚鱉市」。洛陽本地人並不喜歡，且頗不值，每每稱南方人為「吳兒」，甚至稱為「魚鱉之徒」。士族楊元慎批評這些吳人「菰稗為飯，茗飲作漿。呷啜蓴羹，唼嗍蟹黃。手把豆蔻，口嚼檳榔」，認為他們在都城中，各種美食都有，還這麼懷念家鄉食物，不如回去南方，繼續「網魚漉鱉」，沒事還可以整些蛙羹、蚌臛，果腹充腸。這種飲食文化的傲慢，至今可曾稍戢？

到了唐代，中國與中亞地區交往頻繁，使唐文化更為開闊，外國食物紛紛進入中國，甚至改變貴族階級的飲食習慣，《舊唐書》說：「貴人御饌，盡供胡食。」其中還有些罕見食材，駱駝蹄子就相當著名。杜甫詩中提到過「駝蹄羹」，拿駱駝蹄子燉羹，想來不假。可另一道西域傳入的「渾羊歿忽」，就有點玄。一般相信，這道菜作法類似「三套鴨」：將鵝洗淨、調味，套入羊腹中，上火燒炙。不過真相如何，就沒法細究。

除了新食材，還有新技法。中國原本有甘蔗，也知道利用甘蔗的甜味調理食物，周代御廚都使用柘（甘蔗）漿熬煮八珍，屈原在《楚辭》中也提到「胹鱉炮羔，有柘漿些」。但甘蔗汁製糖之法，卻要到唐代，才自西域引入，從此，中國人的甜食花樣又多了許多。

16 世紀以後，歐洲商人跟著阿拉伯人的腳步到了世界各地，將各地的物種，不論適不適當，到處搬移，人類歷史進入「物種交換」時期。一般人常吃的馬鈴薯、花生、玉米、番茄等，就在這個時候進入中國。這些作物最大的好處就是可以在條件較差的地方生長，不妨礙莊稼。原本不能種稻的隙地、磧地，都可以長糧食，解決許多地方糧食不足的問題。但是光有主食，也得要有下飯的菜，辣椒便可派上用場。

《笑林廣記》有這麼個笑話：某人因家中貧窮，光有飯而無菜，只好置一木製鹹魚，進餐時看著鹹魚吃飯。一天，小兒子告狀，哥哥多看了鹹魚一眼，此人甚為生氣，怒道：鹹死他。這個故事應當發生在辣椒成為食材之前，否則，備一碗辣椒油，可以解決許多問題。

辣椒並不是灌木的椒科，應當與番茄、青椒一樣，屬茄科作物，我們應當稱為辣茄才是。可是中國人對茄子的印象不同，沒法聯繫到一起，叫成辣茄，恐不稱頭，唯一可以聯想的，只有花椒一項，認為這種新植物本質屬辛辣一路，與椒相似，因而稱為辣椒。辣椒在16世紀進入中國，本不作為食材，到了18世紀，才漸漸進入西南地區居民的廚房，算是傳入最晚，使用卻最普遍，也最受歡迎的調料。

多年前到西安旅遊，見識了辣椒的飲食意義。西安有「辣子一道菜」的說法，所有館子都備有油潑辣子，可是本地人並不買現成，都喜歡自製。市面上有許多販售乾辣椒的店家，將電動磨子一轉，乾辣椒立馬磨成不同粗細的辣椒麵。配上八角、花椒、桂皮、胡椒、茴香、肉蔻、丁香等香料，拿油一過，就成了自製的油潑辣子。平時吃麵下飯都可，一碗光麵，淋上兩匙油潑辣子，就是一餐。辣子一道菜並非浪得虛名。

不只是陝西，西南省分許多人都能吃辣，四川人三伏天吃麻辣燙，算是好樣的，而湖南、湖北也不遑多讓，有「辣不怕、不怕辣和怕不辣」的說法，好似這些地方吃辣椒是天經地義。可是東南省分飲食就少了辣味，究其原因，應當是魚米之鄉，食物供應較為充裕，並無以辣、油等物下飯的必要。江浙、閩南地區的食物向來不使用辣椒，真要提味，頂多是蔥薑兩味。〈千字文〉中的「果珍李柰，菜重芥薑」，正是江南實情。

速食有何不好？

在許多人的印象中，義大利充滿了藝術氣息，人人對生活美學都有一套看法，也都能身體力行。許多美國作者不遠千里，跑到義大利鄉間住段時間，寫一本有關義大利山居生活的小書，立刻洛陽紙貴，就連萬里之外的中國人都心嚮往之。

最近許多美食節目流行，義大利飲食、酒品、乳酪的介紹算是重頭戲，義大利人討論美食時，自我感覺良好，溢於言表。人家東西樣樣都能吸引觀眾，也都是老祖宗的庇蔭，讓許多人以自己生不為義大利人而感到遺憾。

1980 年代，美國速食業者計畫到義大利推展業務，販售美式漢堡、薯條，就碰了個大釘子。有些義大利人要維護義大利美食傳統，認為速食影響文化至鉅，堅決反對，還特別成立「慢食」(Slow Food) 組織，以為對抗，也引起不少注意。幾年來，「慢食運動」發展甚快，十多萬人響應，傳播到一百五十個國家。他們揭櫫「永續、享受」的目標，不僅希望保持生物多樣，也提倡味覺教育。言下之意，速食業者販售的商品，毫無味覺享受可言，甚至會讓許多物種消滅，尤其是「美食家」這種新興物種最受威脅。說起話來雖是振振有詞，但他們卻忘了義大利人才是速食的始作俑者。

兩千年前，羅馬帝國曾經叱咤風雲，帝國首都羅馬是當時歐洲地區空前的大城會，史家估計，當時羅馬城的人口約有一百萬人。

這個數字，在 21 世紀不當回事，兩千年前，可了不得了。羅馬城如何能容納這麼多人口？建築業建造許多類似今日大樓公寓的集合式住宅，統稱「島嶼公寓」(insula)。房屋多為八、九層高，下寬、上窄格局，用石塊、泥磚、木材搭建。有錢人住在寬敞的下層；環境較次的，就住高些，空間也窄；到了頂樓，就像是難民營。但城內空間有限，寸土寸金，想幫全家人找個住處，就夠當家理戶的人費上許多腦筋，一般人也就別指望什麼客廳、臥室外加書房。要想埋鍋造飯，恐怕得把灶臺搭在床底下才成，不過可千萬別嘗試這麼做。島嶼公寓並不安全，或者因為偷工減料，有傾圮之虞，或者因天乾物燥，經常火燭不慎，招來祝融。一般島嶼公寓業主不讓住戶升火，可以理解。

島嶼公寓

沒有廚房，大家只好在外頭解決民生問題。羅馬城中速食業十分發達，以維持供需平衡。商店的最好位置自然以島嶼公寓下層為宜，客戶源源不絕，如果付不起店租，就在路邊搭個棚子，也是個快餐店 (popina)。這種快餐店販售的飲食簡單，不外乎蔬菜燉鍋，一樣是熱湯熱菜，價錢便宜，東西不算太難吃，不愁沒有生意。客人買了帶走，回家搭上麵包、橄欖，照樣是一頓，羅馬下層階級的飲食問題迎刃而解。羅馬人一般都以麵包為主食，從快餐店買到燉菜，還得另外買麵包。也有人弄點絞肉，摻和各種香料，揉成餅狀，油鍋裡一煎，夾上麵包，跟今日的麥當勞漢堡有啥區別？

羅馬帝國時期，基本物價相當便宜，從埃及來的穀物經常滿倉，工廠也能以低價供應麵包。烘焙麵包相當費柴火，自古以來，沒有人在家裡烘焙麵包，凡以麵包為主食的地區，都有麵包作坊，簡單、便宜。當然，也有人自己在家和麵，鹹淡自理，再拿到烤坊去，請其代為烘焙，只需要付一點點的燃料費，也是一法。皇帝為了安撫百姓，還經常發放免費麵包，招待市民們觀賞競技場中的格鬥。「麵包與格鬥」 (bread and games) 成了羅馬社會和平安定的重要力量。

龐貝古城壁畫中的麵包店

想想現代大城市的居民，與古代羅馬城有何大差別？大學畢業，留在大都市中，剛起薪，繳完房租、手機與交通費用之後，還能剩下多少？朝九晚五，來回交通還得花一兩個小時，回到住處，還有多少精力可以整頓飯吃。能跟朋友下個館子，算是犒勞。經常到速食店，買個漢堡、點一份套餐，經濟實惠，有啥可以抱怨？人家店小，房租貴，東西又不能太貴，只好指望您快點吃完，接待下一位顧客。您要把速食店當成慢食，豈不讓人翻白眼？

總而言之，羅馬是現代速食店的發源地，羅馬人當初面臨的問題，不是沒有時間，而是沒有地方做飯。現代人設備齊全，可是誰又願意在累了一天後，回家整飯？懷抱不同，可對速食的依賴是一致的。

跳不過龍門的魚

《詩經・陳風》中說到「豈其食魚，必河之魴。豈其取妻，必齊之姜。豈其食魚，必河之鯉。豈其取妻，必宋之子」，說的是陳國自認小國，不想攀附大國，嘴裡儘管讚美齊、宋女孩子漂亮，也知道未必般配。就好像一個人喜歡吃魚，也不一定非要黃河鯉魚及同屬鯉科的魴魚。講論政治卻拿黃河鯉魚打比方，似乎認定黃河鯉魚是天下至味。章回小說《三俠五義》也提到顏查散進京考試，遇上白玉堂，兩人用餐時，白玉堂要吃鯉魚，說「鯉魚不過一斤的叫做『拐子』，過了一斤的才是鯉魚。不獨要活的，還要尾巴像那胭脂瓣兒相似，那才是新鮮的呢」，新鮮倒是新鮮，可是「一兩二錢銀子一尾」，有多少人吃得起？

中國人愛吃鯉魚，還逐漸養成對鯉魚的特殊情感，連孔老夫子生兒子，魯國君主還派人送鯉魚，孔老夫子才拿鯉給兒子起名。鯉魚還是各種飾品的素材，連裝書牘用的木匣也做成鯉魚形狀。古詩〈飲馬長城窟行〉說：「客從遠方來，遺我雙鯉魚。呼兒烹鯉魚，中有尺素書」，指的就是這種鯉魚匣，打開書信叫烹鯉魚，可見鯉魚深入人心。但是鯉魚真的好吃？「古人誠不我欺」這話恐有商榷餘地。

鯉魚是底棲、雜食性魚類，沒有胃，腸道又細短，必須經常攝食。沒事在水底泥中攪和，除了水藻、細草，也吃各種水底的腐食，土腥味自然重，刺又多，老饕不取。但古代黃河兩岸交通不便，遠地東西進不來，山東、江蘇海邊固然產魚，運不進河南。倒是海邊的貝殼不容易壞，可以當寶，所以商代人就拿貝殼當錢幣使。鄭、宋、陳、魯等內陸諸國都是「食無魚」地區，一般人真要想吃魚，就只有黃河鯉魚將就、湊合。烹調時，非得用辛香料修飾。至今，最普遍的鯉魚作法，不是豆瓣紅燒，就是砂鍋燉煮，蔥、薑、大料，喧賓奪主，根本吃不到魚的鮮味。

隨著中國人往南遷移，水泊多了，魚的種類也增加。可是一般人吃鯉魚的習慣，未見改變。《水滸傳》第三十七回，宋江到了江州潯陽江畔的酒樓，想吃辣湯。浪裡白條張順找來四尾金色鯉魚，一條造辣湯，一條用酒蒸了吃，另外兩條則切成魚膾。如此安排甚妙，鯉魚做成辣湯，又酸又辣；做成魚膾，也是儘多佐料，味道重，好壓住腥味。至於用酒蒸過，味道如何？還有待分解。

鯉魚原產於亞洲，羅馬人帶到歐洲後，頗能適應歐洲水土，在各地都能安家落戶，迅速繁殖，也成為東歐地區的重要食材。中古時期，大多數歐洲人都得遵守教會持齋的規定，星期三、星期五要齋戒，四旬齋得連著四十天齋戒，就連耶誕前也還有幾天齋，一年中大約有小半年不准吃肉。對一些養尊處優的貴族而言，不吃肉相當不自在，教會於是同意：吃魚不算破戒，所以歐洲各地都能料理魚，不外乎魚排、魚塊，加上魚湯，流傳至今，都算是相當重要的飲食文化遺產。

魚的種類多，貴族王公自然得講究，大約吃的是鱒魚、鮭魚或是鯖魚之類。鱒魚養在清潔的山泉中，味道鮮美，自然上得了譜；鮭魚與鯖魚產於海邊，醃製煙燻後販售各地，也算是高級民生物資。至於亞洲池塘裡的鯉魚，不因為到了西洋，就改變特性，土腥依然，所以得不到貴族青睞，價格因此低賤；平民百姓倒是取其價廉。時至今日，捷克、波蘭等地，逢年過節都得來上一道鯉魚，增添氣氛。

8 世紀以後，猶太民族隨著阿拉伯人進入伊比利半島，再越過比利牛斯山而東，進入中歐，再向東歐移居。猶太人雖然都遵守猶太教的飲食誡命，可還是得遷就各地食材，發展出許多菜色，「鑲鯉魚」算是其中經典。

烹調時，把一樣食材嵌入另一樣食材中，稱為鑲，這種烹調手法各地都有。例如鑲豆腐、鑲青椒，都是拿絞肉調味後，鑲到豆腐或是青椒中，混合後另有滋味。猶太鑲鯉的作法是：把鯉魚的肉卸下，除去魚刺，攪拌均勻，調味勾芡，做成塊狀或丸狀，放回魚皮中烹煮，還能保持鯉魚的型態。魚皮的膠質多，擱涼便於固定，當做冷盤，算是一道功夫菜，也只有在重要節慶才會如此費事。一般波蘭人也學著這麼做，但比較不講究，魚漿調好，摶成簡單的塊狀，或蒸或炸，稱之為「猶太式鯉魚」或是「猶太魚」。法國大革命後，拿破崙執政，提倡博愛，給予猶太人公民權，吸引許多猶太人前往、定居，這道菜也跟著進入法國，在法國繼續發揚光大，鯉魚在西歐的名氣因而提高不少。

這年頭，歐風美雨把許多事情的本質都弄混淆了，就拿吃飯來說，好像非得拿刀叉吃飯才能標記自己文明、表徵社會進步？據統計，全球人口中，以手進食者占最多數，從非洲、西亞、印度到東南亞，多數人用手直接取食。歐美地區的人原本也是如此，無論麵包、香腸，用手抓了以後就往嘴裡送。英語至今保留 “from hand to mouth” 的說法，描繪一個人收入有限，僅能做到找東西餬口，講究點的事就免談了。

東洋咖哩

四十多年前，物資供應不算充足，發育中的孩子，只能拼命吃飯，一頓飯可以吃兩大碗米飯。由於副食缺乏，澆上醬汁，也能吃得津津有味，如果能吃盤咖哩飯，真可說是天大的幸福。一般人家並不做咖哩飯，想吃還得到市場，朝著飯攤子吆喝一聲，老闆立馬拿一個盤子，盛上飯，從大鍋裡舀一杓慘黃的咖哩醬汁澆在飯上，可以見到幾塊胡蘿蔔、馬鈴薯，運氣好，興許還可以找到一點雞骨頭。使著一只鋁製調羹，猛灑胡椒麵，就算是一頓東洋美食。當時，許多事情都是慣見，不多思索，知道這就是日本人在臺灣留下的「日式飯食」，心裡也不懷疑：咖哩應當是印度人的吃食，怎麼就成了日式飯食？直到多年以後，在日本研習，期間看到日本大街小巷，都有專門販賣咖哩飯的餐廳，才引發好奇之心，多方打聽，漸漸了解日式咖哩的來龍去脈。

咖哩源自印度的塔米爾 (Tamil) 語 kari，原為醬汁之意，是印度飲食中的要角，無論吃餅、吃飯，都要拌上咖哩醬汁。印度人受到宗教信仰與經濟環境影響，素食者眾，烹調之際，將各種蔬菜燉煮、調味，收汁，即可用手取食，頗能自得其樂。如果不喜素食者，或是日子過得寬裕些的人，自然可以加入羊肉、雞肉等食材一同燉煮。印度人喜用乳酪 、 番紅花 (saffron) 或薑黃 (turmeric) 一起烹調咖哩醬汁，都是色、香、味俱佳。只不過香料貴賤不同，價格相去甚遠，例如番紅花就不是一般人能負擔得起，大多數人只能用薑黃作為主要的上色劑，久而久之，咖哩都長成了黃色。

17 世紀以後，英國東印度公司在印度開疆闢地，掠奪之餘，也開始認識當地的文化，接收了 kari 的概念，寫成英國式的 curry，逐漸介紹回歐洲，還根據辛辣程度，有各種等級區分，例如馬德拉斯咖哩 (Madras curry) 加入辣椒粉，口味較重，也有標明「淡味」(mild) 的咖哩，恐怕僅能起到著色的作用。以咖哩調味的菜餚進入歐洲後，迅速風行，各地人民都頗喜愛，德國人還把咖哩粉與番茄醬加到一塊，蘸著香腸、薯條吃，稱為「咖哩香腸」(Currywurst)，通常在教堂、市政廳的廣場上、市場或是風景名勝等地點，用行動餐車販售，還頗受遊客喜好。

馬德拉斯咖哩

咖哩煮成醬汁，澆到米飯上，就成了咖哩飯，不僅味道濃郁，可刺激食慾，容易入口，還因為醬汁黏稠，不易潑灑，頗適合海上航行食用。廚子只要把洋蔥、蔬菜炒過，加入咖哩粉熬煮，隨意添加洋菇、馬鈴薯或肉塊，豐儉由人。東印度公司率先用為旗下所屬船隻的伙食，頗受水手喜愛。以後航行東亞水域的船隻，也都因為香料取得容易，推廣這種伙食，咖哩乃逐漸成為英國海員的標準餐點，也隨著英國船隻飄洋過海，傳往各地。

日本人首先認識這道菜，就在英國船隻之上。1863 年，日本政府派遣使節團赴歐美各地，希望討論改訂通商條約，雖然沒有成功，但日本已經認識西方的科技，也見識咖哩飯的美味。日本前後派出幾次使節團，均不得要領，於是決意維新變法，才有 1867 年的「明治維新」，學習西方的科技與制度。日本的新建海軍不僅所有配備都來自英國，連「海軍兵學校」的校舍也仿造英國式建築。無論陸軍、海軍，軍隊伙食都以英國為師，供應咖哩飯。還有許多農家子弟因為聽聞軍隊伙食不錯，有咖哩飯可吃，而立志從軍。海上日子相當單調，真有「山中無曆日，寒盡不知年」的問題，所以幾十年來，日本海軍在星期六供應咖哩飯，提醒官兵今夕何夕。實施週休二日制以後，咖哩飯也改於星期五供應，仍有提醒之意。

咖哩飯隨著軍人復員，逐漸走入日本民間。1920 年代，東京街頭便開始有八個小錢一份的簡易咖哩飯；高級飯店也供應八十個小錢一份的高檔咖哩飯。接著，各地新開設的百貨公司，也紛紛供應咖哩飯。商家還把咖哩醬灌入麵包中，下鍋一炸，成了「咖哩麵包」(curry pan)。咖哩真成了日本的「國民飯食」。不過，過了河的橘子，雖還稱橘子，味道確有差別。日本人的飲食較為清淡，吃起咖哩，也不像原產地那樣的辛辣，日本式的「佛蒙特咖哩」(Vermont curry) 便是根據日本人的口味配方，離馬德拉斯的辛辣，有好一段距離，製作咖哩醬汁的手法也完全不同。走奢華路線的日式咖哩，拿上好牛肉、紅酒、蘋果、梨等食材，燉煮三天三夜，作為湯底，再用獨家香料，熬製咖哩。色澤沉穩，味道馥郁，一份要價三、五千日圓，也不能算貴。不像咱小時候那一份日式咖哩飯，想想，只能用慘黃形容其色澤，貧乏形容其味道，謙卑形容其價格，不過這種東洋飯食仍盤繞在許多人的深刻記憶之中。

日式佛蒙特咖哩

饆饠

糧食作物大約可以分為粒食與粉食兩種方式，大米加水，煮成米飯，屬於粒食，各種豆科作物用湯燉煮，也是粒食。但如果將穀粒磨成粉再加工，和麵成團，再切成麵條、麵餅，加水蒸煮或放入烤箱，則屬於粉食。中國原本是吃米的民族，中國新石器時代先民用石器捶打穀粒、脫殼後放入湯鍋或蒸籠中煮熟，即可食用，最早的烹飪用具「甑」、「甗」就是烹煮稻米的食器。大概就在中國種植稻米之時，西亞地區也開始栽培小麥，將小麥磨成粉，發酵、團揉後，烘焙成麵包食用。

中國烹調方式發展穩定，小甑蒸飯，澆上不同的醬汁，就成了「八珍」。鐘鳴鼎食之家將穀粒直接放入湯鍋，成了糝或羹，祭天祭祖，也可以讓群眾飽食。食材要不趁手，用清水白煮成粥，一樣飽腹充腸。這些烹飪工作，家家戶戶可以完成，吃一頓做一頓，小大皆宜，不太浪費柴火。小麥傳入中國之後，也就準此法烹調，先將麵團擀成圓餅狀，再切成麵條，鍋中煮熟或甑中蒸熟，都算。西元3世紀末的束皙曾著有〈餅賦〉，解釋「湯餅」起源，說「古代仲春之月，天子食麥，煮麥為麵」。比束皙早幾十年的何曾，出身世家，位列高官，生活相當講究，史書記載，他吃蒸餅時，如果廚子沒有掌握好火候，餅中央沒有裂出十字紋，他就不吃（蒸餅不坼作十字不食），因為當時中國主要用蒸、煮方式加熱，《西遊記》裡的妖怪拿到唐僧，一律上蒸籠，就是因為當時沒有烘烤或炒炸的習慣。以水為熱介質的烹飪方式，一總稱為「炊」，所以蒸餅就是武大郎在陽穀街上販售的「炊餅」。

西亞游牧民族一直是以「烤」為主，在地上挖坑或堆石頭，搭建烤爐，稱為饢坑，底大口小。可以將發酵好的麵團貼在坑壁上，明火燒烤。因為柴火不易取得，加熱又慢，所以生一回火，得烤上一大堆餅才划算，幸虧中亞地區天氣乾燥，烤餅容易保存，烤一回吃好幾天，不會每天舉火，當地也發展出因應對策，例如將揉好的麵團拿到公共烤坊，付點柴火費，也能烤出新鮮的餅。製作烤餅的方式也隨著邊疆民族一起進入中華，大缸加入炭火，也能有饢坑的效果，這樣做出的餅，不同於炊餅，只好以胡餅名之。胡人何時進入中國，胡餅也就同時進入中國。文獻記載，漢代已經有胡餅，例如《續漢書》就說「靈帝好胡餅」。不只宮廷中皇帝可以吃到胡餅，民間也相當普遍。《三輔決錄》說：東漢末年，出身於天水郡（甘肅）的著名學者趙岐因為避難，逃至北海（山東），無以為生，乃於市中販售胡餅。可以推想，當時甘肅胡餅普遍，漸漸傳入華北各地。

漢代以降，胡餅普及，但限於炊具與技術，一般人並不自製，只在市中購買。到了唐代，西域的文化滲透進中國。《舊唐書・卷四十五・輿服》說：「太常樂尚胡曲，貴人御饌，盡供胡食，士女皆竟衣胡服。」胡風盛行，胡食自然不能少，胡餅也是要角，隨時可以買到。《通鑑》記載：安祿山起兵後，唐玄宗出逃，未得食，楊國忠親自到市上買胡餅。宋朝末年的胡三省注解《通鑑》說：「胡餅今之蒸餅」恐怕有問題。胡三省是浙江寧海人，對唐代的北方胡俗並不清楚，蒸餅與胡餅是有明顯差別的。胡餅還有不同的講究，不同製法，有不同名稱，例如「饆饠」是胡餅中較為特殊的一種。段成式在《酉陽雜俎》記載「韓約能作櫻桃饆饠，其色不變」，大約是櫻桃烤餅，而櫻桃不會乾焦。值得注意的是饆饠的發音為印歐語，今日德語 (Brot)、英語 (bread)、北歐語 (Bræd) 都接近饆饠的音，可是中國周邊的印度語、中亞語言，都用饢(naan) 的音，饆饠的音如何傳入頗費解。

到了宋代，饆饠仍然存在，就好像今日的法國麵包與饢同時存在。陸游在《老學庵筆記》中記載：宋朝廷要宴請從東北來的大金國國使，準備的食物包括胡餅、群仙脔、太平饆饠、髓餅、白胡餅。白胡餅，大約是使用白芝麻調味的胡餅，髓餅則是和麵時加了牛骨髓、蜂蜜，一起入烤爐做出的油酥胡餅。這在北魏時期賈思勰所寫的《齊民要術》中有所記載。太平饆饠就是一種翻新花樣的麵包，詳情如何，仍有待進一步研究。

法國麵包

饢

餄　餎

打念小學起，就認為自己祖先頗有能耐，造紙術、指南針、火藥等關乎人類文明發展的東西都是咱的老祖先的發明，能還傳到國外去，啟發外國人。只不過，外國人學習中國以後，忽然變得兵強馬壯，反過頭來欺負咱們，這就說不過去了。就好像當年聽到馬可波羅的故事，對馬可先生真有點意見，怎麼把咱們吃麵的本事都學全了，幾百年後，回銷中國，義大利麵不就是咱的哨子麵加上番茄醬？披薩餅也是咱烙餅的改良版？

年事漸長，稍見世面以後，才隱約覺得有點不對。北方人吃了這麼些年的麵食，可就沒把南方人都教會吃麵，難道是義大利人別具慧根？還是南方人學習能力差？仔細研究歷史後，心中疑團更大。小麥並非原產於中國，四千多年以前，才從西亞慢慢傳入中國，因為地形氣候合適，華北栽種甚廣，才逐漸養成吃麵的習慣。這麼說吧：猶太人在埃及當勞工，種麥子時，中國的文明才剛剛要冒出頭來，當時中國還沒有洋白麵。

人都得吃，吃的方式也差不多，道家所說的「煮白石」當飯吃不能當真，否則人類就不需要種地。能當做主食的作物也不出米、麵、馬鈴薯等幾個種類，花樣雖多，作法卻沒能有多大變化，所以各地人吃的東西也大同小異，也不能認定是誰學誰。以穀類作物為例，不出粉食與粒食兩種。麥子磨粉、和麵以後，儘管花式再多，可基本品項就這麼幾種：烤麵包，擀麵條，蒸饅頭。鍋盔、烤饃的基本作法，與西方烤麵包、中亞的烤饢相去不遠。麵團擀成麵皮，或切成麵條，或加餡料，做成餃子，也都是此心同，此理同。世界許多地區也都有不同形式的餃子，咱也不是獨一份。

前兩年，在北京一位老友成教授家中作客，吃了一回餄餎，不僅享受美食，還長了見識。且說成教授是山西祁縣人，青年時期，在蒙古草原學習，飲食自然以麵食為主。每回上北京，都要到他府上拜訪，討教學問。成府的手藝也令人垂涎，燉羊肉、茴香餃子都拿手。這一天，成老師請客，吃的是他老家的餄餎，令人驚豔。

他夫婦倆先把麵和好，放進一個專門製餄餎的壓麵床子中，麵團很快給壓成一條條的麵條，直接進入熱水鍋中，不多久即起鍋，

壓麵床子為金屬製，像個榨汁機器，開口有許多小圓洞，可換篩子眼

以黃醬、哨子、黃瓜絲，擱碗裡一拌，頓時成了好吃的餄餎。據成教授說：晉、陝兩省，餄餎是眾多麵食中的一種，大家習以為常，館子裡還有大型的餄餎床子，效率更高，同時供應幾桌客人，並無困難。至於各種佐料，與其他麵條都差不多，簡單點的，就是油潑辣子、醋、西紅柿炒蛋、芝麻醬，都行。無論打滷帶湯還是乾拌，都隨意。大約肉哨子還是最受歡迎。以前，勞苦大眾能吃上一頓肉哨子拌餄餎，算是「吃犒勞」。現在日子好過，天天都吃犒勞，也就不覺得肉哨子希罕。

我仔細看了壓麵的工具，鋁合金製成，就像個榨汁機器，開口有許多小圓洞，可以換篩子眼，寬細皆可自主。這與我在德國所見的壓麵工具，完全相同。德國中部，沿黑森林各地，居民都吃一種叫「乳酪小麻雀麵」(Käsespätzle) 的麵點，與餄餎非常類似。製作時，講究將麵粉與雞蛋攪和均勻，揉成麵團，也是用這麼一個壓麵床子，將壓出的麵條下鍋，煮熟瀝乾之後，拌入乳酪，進烤箱燒烤幾分鐘，到乳酪與麵條融為一體，便可裝盤，加上炸過的洋蔥上桌，不僅美味可口，還能擋餓。這種吃法，以黑森林一帶為主。也有人把小麻雀煮成湯麵，味道也頗佳。中歐、東歐其他地區也有類似的食物，作法稍有出入。

乳酪小麻雀麵是德國黑森林一帶的美食，與餄餎非常類似

瑞士甚至將這種作法，應用到甜食上。巴賽爾在萊茵河上游，製藥工業發達，市容整潔，少見煙囪，萊茵河在城中迆邐而過。許多咖啡館面河而設，在咖啡館中，啜飲咖啡，用份點心，也頗有不虛此行之快意。巴賽爾糕餅師傅將栗子磨粉，加糖、奶油同煮，香料調味後，放在壓麵床子中，擠成義大利麵條狀，擺設盤中，味道香甜。有一年在瑞士巴賽爾遊覽，經同行友人介紹，嘗到這道點心，剛一上桌，還真以為就是盤番茄醬義大利麵，一經品嘗，果然味美。也有德國人將這種辦法用到冰品之上，義大利麵冰淇淋(Spaghettieis)應運而生。

中西相去萬里，在交通不發達的年代，一定要說誰學誰，恐怕都不客觀。吃著好吃，自然流傳，大家都這麼做，也有一定的道理，希望不要再把馬可波羅當做文化大使了。

萊茵河從巴賽爾城迆邐而過，沿岸許多咖啡館都有一道義大利麵冰淇淋，十分美味

甜　粥

庶民口中的俗諺多半是經驗的總結，有句話說：「偷雞不著蝕把米」，這是偷雞賊把白米當做誘餌，志在偷雞，顯然雞也對白米有興趣。可您聽說過有人抓把米往嘴裡送？這正是因為人類的胃功能不如飛禽走獸，既沒有牛、羊的反芻本事，也沒有鳥類的砂囊，人類想吃米，得另外想辦法，好比說：弄口鍋，將穀子加水一煮，可以變得軟爛，成了湯或粥。穀類製成的粥品不僅好吃，還有稀釋、延長食物的效果，飲食文化，於茲發展。

從希臘文明出現伊始，歐洲人就煮燕麥粥吃。有錢人可以往粥裡擱點鹹肉、青菜、雞蛋，頗能滿足身體所需營養；窮人家沒得講究，放點鹽巴，有點味道也就是了。此後的兩千多年，歐洲人都吃燕麥粥，英國稱燕麥粥為 porridge，德國稱為 Brei，法國人則稱為 bouillie。除了燕麥以外，大麥、大米、小米、豆子都可以熬粥。一般人在平常日子裡吃粥，並不講究，到了節慶時期，就得把飲食弄得熱鬧一點，添點喜慶之意。燕麥粥裡可以放點白糖、果脯、杏仁、蜂蜜之類，妙不可言，管保大人小孩都愛，所以各地都有甜粥。中國的臘八粥，就是種好吃的甜粥。

中國人喝粥其來有自，根據《禮記》的記載，可以知道春秋時期起，一般人家要有喪事，就吃「饘粥之食」，表示哀思。除了舉喪之外，宗教儀式中也往往搭著喝粥，尤其是佛教中的佛祖成道日。

據說：佛祖成道之前，有牧羊女以雜糧粥施捨佛祖，佛祖後於臘八日成道，信徒特別在當天喝雜糧粥，以資紀念。宋代以後，漸漸發展出「臘八日吃粥」的習俗，用大米、胡桃、松子、柿餅、栗子等熬煮成臘八粥。印度是佛教信仰發源地，也有吃粥的習俗，最著名的印度粥稱為 kheer，用大米與糖、牛奶、葡萄乾、腰果、開心果、杏仁同煮。土耳其的 sütlaç、義大利的 risolatte，也都是以米與牛奶為基本材料，加上各種乾果、糖，味道應該相去不遠。

印度 kheer

土耳其 sütlaç

對窮人而言，甜粥真令人垂涎三尺。《格林童話》裡有個〈小甜粥〉(der süße Brei) 的故事：小姑娘家境貧窮，和母親過日子，老是吃不飽。有這麼一天，一位神仙老太太對小姑娘起了憐憫之心，送她一口小鍋，指示：任誰對著鍋說「小鍋，煮吧」，鍋裡就會冒出甜粥。小姑娘回家後，母女倆可以天天吃甜粥，開心得不得了。咱要拿這個故事跟《格林童話》裡另一個〈小桌、金驢與袋子裡的短棍〉(Tischchen deck dich, Goldesel und Knüppelausdem Sack) 的故事一比，差別立見。一位裁縫的兒子當了木工學徒，學成之後的報酬是一張小餐桌，能夠隨時供應各種用精美器皿裝盛的佳餚，甜粥可不在菜單裡，社會階級的差異再明顯不過。裁縫、木匠都是手藝人，在中古歐洲算是中等階級，世面見得多些，日子過得可以，也就能想點花樣，變化飲食。至於一般人家，生活貧苦，只能指望日日有頓粥喝，其他都可以將就。窮人喝粥，自古皆然，所以賑災時，中國施粥，西方人施湯，說起來，雖然都是差不多的東西，但絕對不會是甜粥。

直到今日，甜粥仍是歐洲大陸的美食，德國人特別好這口：大米煮得濃稠，兌上牛奶，再擱些肉桂粉、糖，稱為「牛奶甜粥」(Milchreis)，冷熱皆可，老少咸宜。當年還在德國念書時，學校位於羅馬公教地區，每週五仍有齋戒習俗，學生餐廳不供肉。大部分學生不喜歡吃魚，都排隊吃甜粥，一人弄一大碗，不夠可以再加，管飽。法國也有這一口，稱為奶粥 (riz au lait)，作法差不多，還可以放些杏仁、葡萄乾。有回到英倫三島遊玩，見到超市中一碗碗濃稠的白色食物，稱為「米布丁」(rice Pudding)，買回旅館一試，可不就是德國的牛奶甜粥，可見歐洲文化真有其相同處。

甜粥製作簡單，味道又美，對許多人而言都是好東西。北歐地區還真把甜粥當過年的年菜。近代以前，丹麥、瑞典、芬蘭等地平民到耶誕節，就會準備甜粥，加上果醬；富裕點的再多放鮮奶油。不僅人人有份，還得給家裡的小精靈備上一碗，以免惹惱了精靈，來年收成不好。煮甜粥時，還在鍋裡放個杏仁，這也有說法：誰吃到杏仁，來年一定會結婚成家。可是哪有這麼多人隨時可以適婚，所以大人也會換個作法，讓孩子吃到杏仁，再給一份玩具，圖個大家開心、吉祥。

魚子

人類食魚的歷史，大約如同人類的歷史一樣古老。絕大多數文化中，魚類都是重要食材，各地也都有不同的魚料理。吃魚是種藝術，如何表現魚的鮮味，各民族都有心法。春秋以來，中國沿海各地將撈捕的海魚用鹽一醃，就可以販售各地，稱為鮑魚。當時製作相當簡單，大約不處理內臟，造成蛋白質變質，發生惡臭，所以才有「鮑魚之肆」的說法。這味道能大到怎樣地步？拿《史記》一看可知。《史記・秦本紀》記載：始皇帝死後，臣下擔心天下亂，祕不發喪。「會暑，上轀車臭，乃詔從官令車載一石鮑魚，以亂其臭。」這鮑魚的味道，可想而知。西方情況也不遑多讓。中古以前，北歐各地販售醃魚，製法與中國鮑魚一般，銷售各地時，大家也都能接受，成了群眾攝取鹽分的重要來源。

鯷魚是種小型的海魚，一網可以撈上許多，一時消化不了，古希臘人也將之醃製保存，用於烤羊腿、義大利青醬或是凱薩沙拉醬的調料，頗能提味。這種作法非常容易用現代化學知識解釋：人類講究的鮮味來自胺基酸、核苷酸和琥珀酸，這種化學物質，存在於肉品與魚鮮之中。所以蝦籽、魚露一向都是提鮮的最好食材。沒有化學知識的時代，實踐可以檢驗出真理來，所以古人對魚是情有獨鍾。

中國老祖宗吃魚還能吃出大道理來，老子討論國政運作，說「治大國若烹小鮮」；劉備請諸葛亮出山，喜得說是「如魚得水」；馮諼慨嘆文人不受重視，所以「食無魚」。魚成了中國人生活中的重要成分。

西方人對魚就小心一些，猶太飲食誡命繁複，有關魚的規範相對少些，但只准吃有鱗或有鰭的魚類，不僅蝦蟹上不了桌，連鰻魚、泥鰍都在禁止之列，許多人難免懷疑：魚子是否可以食用？這個問題倒是容易回答：只要是猶太教信徒可食用的魚，其魚子也可食，不過還是要注意處理方式。

許多人愛吃魚子，不外出於兩種考慮：魚子確實鮮美；魚子也是表現身分品味的食材。後者頗容易解釋：一般人所謂的魚子醬(caviar)指的是鱘魚子做成的魚子醬。這種魚子醬多產於裏海，以俄羅斯及伊朗產得較多。近年來，因需求量大，過度捕撈，產量銳減，價格不斷攀升，一公斤頂級野生黑魚子醬售價大約是五千五百美元，這下子讓人更趨之若鶩，簡單的供需法則，成就了魚子醬在美食家心中的地位。幸虧中國人對魚子醬的興趣不大，黑龍江所產鱘魚製成魚子醬，也難引起共鳴，否則魚子醬就不是這個價位了。鱘魚子以外，所有的魚子都能夠加工利用，製成不同形式的魚子醬。鱈魚、鮭魚、鱒魚子，都能加鹽處理，包裝販售，味道與鱘魚子醬相去不遠，可售價就有天壤之別。例如瑞典產的小瓶裝圓鰭魚(lumpfish)魚子醬，價錢相當可親，任誰都買得起。

西方魚子醬的製法相當簡單，先將魚卵巢中的魚子一個個篩出，洗淨、去水後，加入適量的鹽揉搓，即可裝罐販售。因為魚子含硫化物，千萬不可用銀匙取用，否則糟蹋銀匙，也糟蹋食物。這種吃法，一般人還真不習慣，中國各地吃魚子的方式，多半與魚肉一同燒治。江浙地區的蔥熇鯽魚，就是拿帶魚子的鯽魚，泡過醋後，用醬料、蔥調味，小火熇乾，味道頗佳。河南師傅製作紅燒鯉魚時，也將魚子一併燒製，無須特別說明。

臺灣倒有一種特殊名產「烏魚子」，烏魚就是《本草》中所說的鯔魚。臺灣的方志記載：烏魚「臺地各港具有，冬至前到，味甘嫩；冬至後散子回頭，則瘦而味淡。其子，整片下鹽，以石壓之，晒乾，可焙為酒品。」至今，每年魚汛一到，臺灣西部沿海居民紛紛出海撈捕烏魚，將其魚卵取出，清洗、入鹽、壓平、加工修整後，曝晒至乾即成。食用時，小火煎透，切片與蒜苗、蘿蔔一起食用，異常味美。

臺灣烏魚子

烏魚子的起源，說法不一。根據《噶瑪蘭廳志》記載，烏魚子的製作，早於日本殖民統治時期。日本也有種原產於長崎地區的水產加工傳統，也是將鯔魚的卵巢取下，晒乾食用，稱為「唐墨」或是「鱲子」，發 karasumi 的音。日本學者考訂，這種食品於明代傳入日本，但是這個時期，還有另一個文化來源：西、葡兩國的商人。西班牙、義大利自古也有一種魚子製品，稱為 botargo，將鯔魚子取出，醃製、晒乾，進餐時放上一些，算是提鮮的調味料，也當鹽使。希臘也有這種食物，稱為 avgotaraho，製法、用法均同，算是臺灣烏魚子的遠親。

義大利鯔魚子

菠　菜

不同時期的人，都認為自己處於一個科技進步，知識發達的時代，超過前人許多；認為古人保守閉塞，思想落後，生活原始，有如井底之蛙，全不知世界為何物。歷史工作者檢討物種源流時，卻赫然發現，前人的交通網絡遠比現代人想像的要發達，對遠方的物產一點也不陌生。19 世紀後期以前，航行海上得冒極大風險，交通尚且如此發達；歐亞陸塊原本相連，人來人往又有何困難？

考古學者認為，近東地區最早馴化小麥，開始種植，大約是一萬年前的事。中國出現小麥，約在四千年前，這麼久遠以前，小麥已能流傳萬里，能說古代人的世界不夠寬廣？到了希臘時代，人類交通技術更為發達，物種傳播速度加快。研究發現，古代近東地區最早種植香菜，地中海一帶，包括埃及、希臘、羅馬人都食用香菜。4 世紀左右，中國也出現了食用香菜的紀錄。學者因此相信，亞歷山大大帝擴大人們的地理知識，促進東西交通，貿易隨之發達，較早一波的物種交換於焉展開，菠菜就在 8、9 世紀時，隨著商貿或征戰的隊伍，傳播各地。

歐洲學者相信，8 世紀時，菠菜隨著阿拉伯人的勢力進入伊比利半島，然後逐漸傳往歐洲各地。菠菜品種甚多，大小不一，食用方法也有別。9 世紀以後，德國醫書中出現有關菠菜的描述，菠菜原屬藥用，治療消化方面的疾病特有功效。11、12 世紀以後，菠菜

菠菜鹹派

才逐漸成為一般人的桌上佳餚。可是西方菠菜長得甚為粗壯，不方便當生菜吃，多半剁碎，做成菜泥，拌上鮮奶油，味道還行，也有將菠菜、絞肉調味後，放入麵皮，烤著吃。

許多外來物種進入中國，給起名字時，總要特別表示一下原非中國之物，例如胡琴、胡餅或是胡樂。但有些外來物種光從名稱看不出來，得要考而證之，菠菜就是。《康熙字典》收錄「菠」字，除了「菠菜」，沒有其他解釋，說明此字為新造，專門指稱這種起初稱為波斯菜的新物種。菠菜名稱有兩種說法，一說是來自波斯，先稱為波斯菜，後簡化為菠菜，甚至將「波」字從「艸」。另一種說法指出菠菜出自頗棱國，即今日之尼泊爾。唐代劉禹錫博聞強記，曾任「太子賓客」，同僚乃稱他為劉賓客。其姪輩韋絢把他講的掌故記錄下來，成為《劉賓客嘉話錄》一書。書中記載：菠棱本非中國之物，僧侶引進其種子，傳播各地。因從頗棱國，故訛為菠棱。要是根據《嘉話錄》的說法，中國在 8 世紀以前已有菠菜。《新唐書》成書的年代較晚，在《新唐書．西域傳》中也記載了泥婆羅國在唐太宗貞觀「二十一年，遣使入獻波棱、酢菜、渾提蔥」。

菠菜能適應各種生存環境，耐寒、耐沙壤或粘土，到處可以種植，傳播甚快，全國各地都有。蘇東坡就有詠〈菠菜〉詩：「北方苦寒今未已，雪底菠棱如鐵甲，豈知吾蜀富冬蔬，霜葉露芽寒更茁」，讚美菠菜為人民服務。明末清初，移民入臺之時，也將菠菜帶入臺灣，《臺灣府志》介紹臺灣物產時，提到「頗薐，種出西域頗薐國，俗呼為赤根菜，方士隱名為波斯草」，至今，閩南語仍稱菠菜為菠薐菜。菠菜的根部色紅，叫赤根菜未免過於白描，文人雅士稱之為「紅嘴綠鸚哥」，雖也寫實，意境還是高一些，簡直可以當成貢品了。中國廣大群眾的確有與人分享的熱情，尤其喜歡招待皇上，到處都有皇帝出巡的傳說。有個故事與乾隆下江南接上軌，說皇帝南巡，微服私訪，受到民家熱情招待，吃了「紅嘴綠鸚哥」與「金鉤掛玉牌」兩樣菜，回宮後還念念不忘，指名要御廚製作。御廚查訪半天，才知道就是燒菠菜與蝦米燒豆腐兩樣，還真沒有啥大不了的。

中國醫學全從實踐而來，在沒有太多化學知識的時代，中醫已經把菠菜當做補血聖品。《本草綱目》說菠菜能「通血脈，開胸膈，下氣調中，止渴潤燥」。1980 年代以前，民間都知道豬肝菠菜湯對孕婦與產婦甚佳，當時豬肝價格極昂，專為病人保留。生活富裕以後，專家認為內臟累積化學物質，不宜多吃，內臟成了寵物飼料，糟蹋東西。

菠菜在歐洲原屬藥用，德國醫書記載菠菜於治療消化疾病很有功效，11、12 世紀以後才漸為桌上的佳餚。中醫則認為菠菜是補血聖品，《本草綱目》說它能「通血脈，開胸膈，下氣調中，止渴潤燥」

濰坊蘿蔔

以往讀「野人獻曝」，還只當做是種自謙，年事稍長，逐漸體認這種說法中還包含了對生活的滿意與自豪，頗願與人分享，體現中國人樂天知命的哲理。前幾年公幹前往山東，道經泰安，蒙司機朱師傅推薦，就在當地用了午餐。當地餐館用盛產的大白菜燉豆腐，平淡中見滋味，特別稱之為「泰安三美」。一道菜就把三美給吃全了，不虛此行。其實這三樣東西都不貴重、稀罕，不需要吹噓，倒是從中看見泰安人對生活的滿意。

泰安還有另一樣值得自誇的特產「泰安梨」，可以與肥城桃相提並論，從小就聽說肥城的桃子香甜，有「天上蟠桃，人間肥桃」的說法。泰安梨能與肥城桃相提並論，自然非同小可。只可惜此時梨花才開，只能另等機緣。不過同行友人倒是交代了另一種重要名產，說是「肥城桃子泰安梨，不如濰坊的蘿蔔皮」，不只肥城桃子泰安梨，就連「煙臺的蘋果萊陽的梨」，也「不如濰坊的水蘿蔔皮」，雖說是「蘿蔔青菜，各有所愛」，但蘿蔔能與桃子、梨放在同一個層次上比較，也足以顯示濰坊的蘿蔔有其吸引人之處。

濰縣蘿蔔究竟如何？正好請教山東大學的好友。他出身濰坊，特別解釋：濰縣蘿蔔只產於老濰縣，並非濰坊市的蘿蔔都可以稱為濰縣蘿蔔。拿了種子到別地種，也都因地氣不足，長不成濰縣蘿蔔。上青下白，清香，汁多且甜，皮微辛，生食為佳。不過您要是願意燉湯、清炒，也沒人反對。

的確，東西好吃與否，沒有絕對的判斷標準，但是中國人一向認為蘿蔔是種健康食品，也不是沒有道理。閩南語稱蘿蔔為「菜頭」，百菜之王，認為蘿蔔極為營養、好吃，更重要的是價美物廉。市井小民，弄點大骨頭熬湯，蘿蔔切成滾刀塊，一道美味的蘿蔔湯貧富皆宜，各種小吃店也拿來當做免費的敬湯。有一年，路過長沙，在老店楊裕興吃麵，只見得一大鍋的排骨燉蘿蔔，立刻要了一份，吃得到家常菜的感動，欣喜異常。後來到了老家，也見到蘿蔔燉排骨湯，味道相同，這道小菜，真是從南到北。

說起來，蘿蔔種類繁多，食用方法不一，有種小圓蘿蔔，皮呈紅色，也叫櫻桃蘿蔔，北方館子中多半生食，配上各種嫩葉，翠綠嫣紅，煞是好看。另外一種青皮蘿蔔，燉湯、做泡菜皆宜，就連葉子也可食，切碎之後，灑鹽脫水，成了虀菜。

櫻桃蘿蔔

青皮蘿蔔

蘿蔔古名萊菔或蘆菔，起源甚早，在北魏的《齊民要術》中已經精確說明：「種菘、蘆菔法，與蕪菁同。」蘿蔔與蕪菁本都是十字花科作物，種植方法相同，可知賈思勰所說的蘆菔，就是現代人口中的蘿蔔。

可是還有人懷疑蘿蔔並非中國原產之物，而是從西邊傳入。歐洲歷史學者相信：埃及人早在五千多年以前已經開始食用蘿蔔。這些考證雖然沒有實物證據支持，但古希臘時代，許多著作已經提到這種食物，羅馬帝國時期，蘿蔔明顯走入廚房。不過西方人吃蘿蔔，相對簡單，切片或刨絲之後，拌成生菜沙拉，頗能養生；但鮮少看到有人拿來燉湯。德國有一個主廚 (Chefkoch) 網站，專門教人如何做菜，食譜不限於歐洲，也引進了許多亞洲烹飪概念。這個網站中，收集了二百六十五種與蘿蔔有關的食譜，琳瑯滿目，許多中式與日式烹飪也都有。裡頭倒是收了幾個蘿蔔湯的食譜，拿馬鈴薯、胡蘿蔔燉湯，蘿蔔算是二路腳色，挑不了大樑，蘿蔔仍是以製作沙拉為主，搭配香腸、乳酪或各式水果，也相當誘人。這種吃法，也正合乎現代營養概念。蘿蔔含有維生素、酵素與芥子油苷等物質，生食較容易發揮其功能。

蘿蔔所以廣受平民百姓喜愛，與其生長容易，價格便宜有關，儘管蘿蔔含有大量營養成分，所謂「冬吃蘿蔔夏吃薑，不勞醫生開藥方」，濰縣人更逗趣的說「吃蘿蔔喝茶，氣得大夫蹽街爬」，表現其養生功能，但要是說：「魚生火、肉生痰，白菜、蘿蔔保平安」，不認為魚、肉等主要的蛋白質攝取有益身體，就不免有點過了。

番　麥

年過半百，偶爾想起前塵往事，似乎格外分明。還記得當年進入初中，心理震撼不小，不僅要到離家較遠的城南上學，學習的內容也大不同於以往，就連老師的口音都是種挑戰。教國文的閻老師是陝西人，原是軍官，退役後接受師範訓練，開始與一些小毛孩為伍。他的口音相當重，大部分的同學聽不懂，我因為居住眷村，從小慣聽南腔北調，閻老師又努力說著普通話，倒沒有太大困難。

閻老師平素嚴肅，有一回講起他的少年生活，忽然熱淚盈眶，久久不能自已。許多同學自始至終鬧不清楚怎麼回事，面面相覷。1930 年代，日本人不斷侵略中國，陝西也受影響，百姓生活困難，僅能以棒子麵窩窩頭裹腹，難以消化。十多年下來，腸胃逐漸受到影響，落下了病根。

閻老師的容貌已經模糊，但這件事一直縈繞心頭，也對棒子麵窩窩頭有相當興趣。有一年，前往西安旅遊，地陪介紹西安八大怪，「八十老娘上樹比猴快」也是一怪，描述西北地區種植包穀，放房頂上晒乾，以便磨成棒子麵。一碰到陣雨，負責晒穀物的老太太得趕緊上屋收拾，手腳俐落得很，比起猢猻也不遜色。同時也特別見識了棒子麵窩窩頭，了卻一樁心中的公案。

棒子是北方的稱呼，指的就是玉蜀黍或玉米。這種作物原產於拉丁美洲，與馬鈴薯一樣，曾經是當地人的主食。西班牙人將之介紹到世界各地，也進入中國。此後，中國各地可見，名稱則各地不同，閩南叫番麥，廣東人稱之為玉米，華北有稱為包穀者，晒乾磨粉之後，稱為棒子麵，各地食用的方法不一，蒸、煮之外，還可以做成餅、熬成粥，年荒歲歉時，都能讓窮人飽肚充腸。

番麥是滿足童年口腹之慾的最好零嘴。儘管當年生活不太富裕，足食不成問題，但甜食點心，則屬非分。偶爾父母心血來潮，給買點正餐以外的食物，當令的水果、烤地瓜、蒸玉米，算是犒勞，不免有喜從天降之感。我們對玉米尤其有興趣，這玩意不貴，一人可以分得一穗，安心享用，不用爭奪。可以大口大口，也可以一粒粒剝著吃，一穗番麥，能蹭上半天，齒頰留香。穗是閩南語的量詞，大約只用在番麥這種形狀的食物，但除了番麥，一時還想不起其他以穗計算的物件。

玉米富含膳食纖維，在古人而言，不好消化，閻老師的慨嘆，並非無因。只是風水輪流轉，現代人習於錦衣玉食，影響健康，醫學界鼓勵「粗食」，玉米、地瓜等食物，忽然成了健康食品，大家爭相食用。除了街頭販售的蒸包穀、烤玉米之外，罐頭裝的玉米粒、玉米片，都頗受喜愛。尤其是玉米片，算是西方人早餐桌上的代表，拿棒子麵糊烘焙成一片片的玉米片，加上鮮奶、白糖即可食用，講究點的，還放些堅果仁、蜂蜜。所有醫師都說這麼吃營養均衡，不過要是連吃五天，恐怕營養與健康就不是考慮的重點了。

玉米可以在較為貧瘠、惡劣的地區生長，隙地、山坡均可種植，又不需要太多澆灌。16 世紀以後隨西班牙海船進入歐洲，大多用於餵牲口，不當主食。農民可以把原本餵牲口的穀類省下來，算是多些進項，因此頗歡迎這種新作物。稍後，酒坊拿玉米釀酒，雖然風味比不上麥子或葡萄釀造的酒類，但玉米酒一經蒸餾，可以製成烈酒，兌上香料，也能湊合著解饞，美國產的波本酒，主要原料就是玉米。中國西南地區的少數民族更是精於此道，貴州、四川、湖北與湖南山區，很多人都用玉米製酒。把晒乾的包穀磨粉、蒸熟，使其糖化，再加麴發酵，很快可以釀成玉米酒，也可以架設燒鍋，把玉米酒濃縮成燒酒。

玉米的另一個重要的功能是做成爆米花，這可是本小利厚的買賣，尤其許多電影院中，不准攜帶有氣味、流汁液的食物，以免汙染環境；要有人在您座位前後邊看電影，邊磕瓜子，您能受得了？為免造成大家不便，爆米花成了最佳選擇。玉米含油、含水，一旦受熱，澱粉膠化，體積漲大，就成爆米花。加點鹽巴或是其他香料，起司、巧克力、焦糖，各種口味都有，不僅味美，吃起來沒有聲音，還不留渣。人手一大紙盒，還得買點飲料。有些啤酒館願意免費贈送客人爆米花，多加油脂與鹽巴，雖然香得很，可也鹹得慌。吃多了就得喝飲料，不免多叫兩瓶啤酒，人家算盤打得可精，這些免費的爆米花，最終還是得客人自己掏錢。

花　生

從小愛吃土豆，土豆是閩南語，正式名稱是該叫花生，長大以後，還是習慣用閩南語稱之為土豆，德文叫花生為 Erdnuss，也是「土豆」。三十年前，留學德國，碰到南京、武漢來的同學，一塊在學校餐廳吃飯，盡是馬鈴薯，只聽得大家這個「土豆」、那個「土豆」，原來說的都是「馬鈴薯」。我大吃一驚，不知道花生與馬鈴薯竟有同名之雅。這也難怪，花生、馬鈴薯、玉米這幾種作物都是明末清初由葡萄牙、西班牙海船運販到中國。等到入境隨俗，得給起個名字時，各有各的叫法，無法統一。

花生還有其他名稱，因為是番人帶進，客家方言跟著來源命名，稱為「番豆」。瑞士許多地方稱花生為「西班牙豆」，也是這理。不過瑞士人禮貌一些，不稱西班牙人為「番」，到了中國，篤定西方人聽不懂中文，番來番去，毫不避諱。閩南語稱玉米為「番麥」，同樣心思，不過比起廣東話稱洋人為「鬼佬」，可就稍微客氣一些。當然，許多語言學家對於使用「番」字的原因會有好聽一點的解釋，咱們在這不爭這個。

現今，學界認定花生原產於南美洲祕魯，16 世紀以後，才逐漸經由歐洲傳播到世界各地。因為營養豐富，滋味優美，廣受歡迎，立刻與各地飲食文化結合，成為菜餚中不可少的部分。從閩粵沿海一帶到東南亞的華人地區，沒有人不喜歡沙茶醬，花生粉是其中一

味重要食材。可是為什麼叫「沙茶」？卻鮮少有人能說出個所以然來。原來無論「沙茶」或「沙嗲」(Satay Sauce)，都是表音記號，原本稱為「三塊」，閩南、潮州音都做 San-dei，以訛傳訛，成了「沙嗲」或「沙茶」(茶閩南音唸成 dei，外國人拼寫成 tee)。三塊是指街邊攤販賣的燒肉串，一串三塊，故稱。燒肉沒啥味道，全靠醬料提味。用花生、小魚乾磨粉，加上蒜泥、辣椒、五香粉、白糖、精鹽，煸炒爆香後封在香油之中，豈有不誘人之理？東南亞地區的華人稱這種醬料為「三塊醬」，要寫成「沙嗲」，還能存其音，若寫成沙茶，可就繞了個圈，不知背後故事者，還真琢磨不出個道理來。廣東人乾脆就用沙茶醬做菜炒飯，遂有沙嗲牛肉、沙茶牛肉炒飯；潮州、汕頭一帶，則用沙茶醬炒「粿」(用米做成的寬條狀食物，與陝西的釀皮類似)，隨處可見，甚至還有師傅放點拍碎的花生米，格外誘人。

花生進入中國的時間雖晚，可是中醫對花生的效用卻認識得相當清楚，說花生米富含油脂、維生素、胺基酸與各種微量元素，對人體特有幫助，是藥膳的要角。一般人最熟悉的莫過於花生燉豬腳，利於產後下奶，也可以補充膠原蛋白。廣東人煲的東靚湯，就是拿花生煲豬手（豬蹄)，惠而不費，比起阿膠、哈士蟆，毫不遜色，還環保些。

花生香味撲鼻，甜鹹皆宜。金門土地貧瘠，種高粱倒是合適，因此金門高粱遠近馳名。許多人恐怕不知道，金門花生品質也相當好，或把花生磨成粉，或者保存顆粒狀，拌入麥芽糖中，碾平、切塊，拿竹葉子包起來，吃的時候，除了花生香味，還有點竹子的香氣，稱為「貢糖」。金門鄉親認為自己生產的東西好吃到可以進貢，讓皇帝品嘗，何等驕傲。不過我估計，大清朝皇帝從沒有見過金門貢糖，更別說是吃上一口了。

古人日子儉樸，甚少吃點正餐以外的東西，只有逢年過節，才整點甜食，犒賞家人。臺灣人吃犒勞，把花生粉摻糖後，一起包進糯米糍粑中，滋味無窮。臺灣還有一種豬血糕，把豬血和米蒸熟，裹上醬汁，灑滿花生粉，就上香菜，吸引許多人聞香下馬。不過前一陣子，一個英國觀光網站選出十大古怪食物，豬血糕竟然高居榜首。不知道他們是對豬血有成見，還是不同意花生粉混上香菜。

反觀歐洲人對花生米的認識，相當短淺，種植花生，主要用以榨油，進廚房當菜的情況很少。一般作法不外乎帶殼烤熟，裝袋出售，有時候稱為「猴豆」(monkey nuts)；或者去殼以後，加點鹽、紅椒粉等香料烤熟，稱為烤花生米 (roasted peanuts)。最普遍的辦法是製成花生醬，抹麵包，做個花生醬三明治。當年遠在歐洲，買不到芝麻醬，就拿花生醬，拌上麻油，調勻之後，可以頂替芝麻醬，要吃炸醬麵，涼拌豆芽都不成問題，每個德國朋友都吃得嘖嘖稱奇，原來花生醬還有這等妙用。

歐洲人食用花生的普遍方式就是製成花生醬，塗抹於麵包上

醬汁

《呂氏春秋》中記載了商朝大賢伊尹的治國理論。他用烹調為喻，認為必先明陰陽之理，才能將甘、酸、苦、辛、鹹調和成至味，「熟而不爛，甘而不噥，酸而不酷，鹹而不減，辛而不烈，淡而不薄，肥而不膩」。的確，五味調和之後，醬汁的味道變化多端，無論澆在黍米或大米飯上，味道都香醇可口，沁人心脾。周朝人就喜歡吃這種醬汁拌飯，認為是至味、珍饌，還分別給起了「淳母」（醬汁拌黍米）、「淳熬」（醬汁拌陸稻）等名稱，都列為「八珍」。現代人將肉哨子（小肉丁）熬成醬汁，成了肉哨子飯、哨子麵，就是傳承了兩千多年的味覺經驗。

日本人吃飯，一樣講究醬汁，蒲燒鰻魚飯，把鰻魚段蒸熟後浸醬汁燒炙，放到米飯上，再澆上家傳醬汁，香味撲鼻。日本人認為整個蒲燒鰻魚飯，就靠醬汁提味。還有這種說法：要是館子失火，老闆一定是抱著醬汁罐逃生，其他什麼都可以不要，對醬汁重視若此，一定有其道理。

西方飲食中，醬汁也占有一席之地，不過製法不同。希臘羅馬人喜歡將香料、魚與鹽巴混和、曝晒，使其發酵成醬汁，稱為「魚露」(garum)，不管吃什麼食物都得淋上一點。如此一來，廚子可就輕鬆，不需要花太多心思，食材準備好，不管是生是熟，只要來點魚露，大家就能吃得咂咂作響。時至今日，歐洲大餐館的師傅中，

還有個醬汁師傅 (saucier) 的職務，負責調味及製作醬汁，無論是沙拉醬汁，還是燉煮湯品、調製醬汁都歸他。西方正式飲食中，通常湯最先上桌，接著是沙拉，然後主菜、甜品。一連幾道，都是這位醬汁師傅的作品，能不延聘高明？有一回，筆者與友人在史特拉斯堡用餐，旁邊坐著一對法國老夫婦。兩人大約胃納有限，只點一份生菜沙拉，吃完後，還拿麵包把油醋醬汁沾個乾淨，連盤子都可以不用洗，這種對食物的虔敬之心令人感動，也可見那家餐廳的醬汁師傅本事不小。

近代以前，歐洲與外界的文化交流有限，大部分地區的食衣住行都沿襲祖輩的習慣，飲食也受限於食材、工具，烹調方式相當簡單。一般人家弄鍋燕麥粥，能有點菜葉子、鹹肉丁，算是豐盛；否則光是白燕麥粥，擱點鹽巴，搭上麵包，也能湊合。家業好點的人家，偶爾能吃上肉時，可得講究，非有醬汁不能盡興。凡是年節，一定要整治點雞、鴨、野味，或烤或煮，澆上醬汁，就成了人間至味，南面亦不可易之。

14 世紀時，英格蘭國王理查二世的廚子整理數十年掌廚經驗，彙整了兩百多道菜餚製作方法，寫成《烹調書》(*The Forme of Cury*)，書中提到各式醬汁的作法，算是中古時期歐洲貴族飲食的集大成之作。其中有這麼一道「夫人醬汁」(Sauce Madame)：將西洋芹、鼠尾草、神香草、梨子、大蒜與葡萄等食材塞入鵝腹後，烤之。將溢出的油脂與肉汁放入鍋中，加酒同煮，加鹽、莎草調味，即成「夫人醬汁」。食用時，將鵝肉切塊、擺盤，淋上醬汁，即可成為國王餐桌上的佳餚。這跟咱潮州的滷水燒鵝完全是不同的路數，可也各有千秋。

15 世紀中，義大利名廚馬丁諾 (Martino) 在羅馬教廷財政部長特里維山 (Trevisan) 家中任職，技藝精湛，人人稱道，大家爭相出高價禮聘，但可想而知，馬丁諾最後成了教宗的廚子，他留下一本食譜《廚藝書》(*Liber de arte coquinaria*)，交代自己的烹飪心得，其中最重要的部分應屬醬汁製作。問世之後，紙貴洛陽，當時的貴族飲食，莫不受這本書的影響。

義大利人頗以自己能製作好吃的醬汁自豪。這些烹飪技術，隨著義大利貴族與法國王室的聯姻，逐漸傳到法國，17 世紀以後，歐洲飲食文化，莫不以醬汁為重要指標。例如義大利人看不起英國廚房，說英國「有六十種宗教，卻只有一種醬汁」；法國哲人伏爾泰也站在義大利一邊，說英國人只有一種醬汁，就是「融化的奶油」。

醬汁重要，大家都知道，可是並非人人都有大廚的手藝，怎麼都做不出該有的味道。商人見獵心喜，將濃縮湯汁、澱粉，調味脫水，包裝出售，成了「人工調味醬汁」。家庭主婦無論燒烤何種菜餚，只要拿出現成醬料粉，兌水，爐上加熱、攪拌，就成了一碗精美的「褐色醬汁」(brown sauce)。無論馬鈴薯泥、水煮蔬菜，都可以澆上這種黏糊的調味醬汁，大家吃起來還覺得特有味道，認為比起他家老奶奶的食譜還有過之，幾乎是不可一日無此君。現代西方飲食，講究簡單、快速，吃薯條，蘸番茄醬；吃義大利麵，無論拌上瓶裝青醬或是罐裝紅醬，都能吃得津津有味。就連吃蘋果派，還得淋上香草、雞蛋、牛奶做的香草醬。吃飯都吃到這份上了，也無怪乎微波食品、冷凍食品大行其道，反正，有醬汁就行。

圖片來源

圖片所在頁數	出　處
5、106	故宮博物院（北京）
8、23、62、65、83 上、85、87、126、138、157、158、160、169、182、185 左、185 右、190、198、204、205、208、210、211、214、218、220、221、223、229、230、231	Depositphotos
16	Wikipedia／Cara Chow 提供
19、42、43、55、57、69、70、111、122、162、166、167、168、171、173、176、184、185 下、186、199	Wikipedia
28、29、49、99、102	國立故宮博物院（臺北）
46、88、90、94、145 下、192、212 右	編輯部拍攝
83 下、117、145 上、227	Shutterstock
109	Wikipedia／E. Michael Smith 提供
130	http://contest.cpmah.org.tw/~C2017b179/gallery.html
164 之 1	Wikipedia／Baomi 提供
164 之 2	Wikipedia／Mountain 提供
164 之 3	Wikipedia／PENG Yanan 提供
164 之 4	Wikipedia／Baomi 提供
178	Wikipedia／Flazaza 提供
212 左	Wikipedia／Frank C. Müller 提供

【生活 003】

不丹 樂國樂國 梁丹丰 文・圖

本書作者一直盼望能到不丹旅行。在畫旅八十餘國後，她終於踏上這片嚮往已久的樂土。對於不丹人物風情、山川景致，作者以其一貫的細膩筆調做了詳實敏銳的觀察與深刻感性的描述。同時，更以彩筆勾勒出一幅幅動人的人間樂土，與讀者分享她在不丹的旅程中盈滿的藝術情感和內心悸動！

【生活 004】

齊向譯道行 金聖華 著

做為翻譯系的教授，聖華長期在學院內主持「翻譯工作坊」，認真教學，作育英才。除了理論根基，她更重視譯事的實際推敲斟酌，不放過一字一句，舉凡花草色彩、眉目五官，乃至於篇名書名、作品雰圍、文化異同，均予細究。她舉出學生們的優、劣作業，分析所以，更以自身的翻譯經驗，及古今名家的業績提供比對佐證，把譯事的發生，以及不斷的修飾過程，終至於滿足定稿，或雖非十分滿足卻不得不暫時定稿的憂喜告訴了讀者。——林文月

【生活 005】

溫室中的島嶼 古蒙仁 著

作者為深入了解臺灣的生態危機，以一年的時間，親赴各地災區採訪。曉行夜宿，無畏風吹雨打，就是為了驗證這塊土地曾發生過的災難，用以提醒國人關心我們所處的生態環境，這也是本書希望獲致的成果。

【生活 006】

取法哈佛：美國法學院的思辨札記 李劍非 著

本書是作者留學哈佛法學院期間，每星期固定寫下一篇札記集結而成，或是介紹作者於哈佛法學院修習課程的感受，包括申請學校心得及紐約律師考試介紹等；或是反思，「法律」到底應該是什麼，究竟法律能直接給出正義的答案，還是僅是做為追求正義的手段？透過本書，希望能讓更多法律學子一窺哈佛法學院的殿堂。

世紀文庫

【生活 001】

老饕漫筆

趙　珩　著

本書作者自謂是饞人，故自稱為「老饕」。因其特殊的生活環境，所見所聞較同時代的人稍多。他於閒暇中，追憶過往五十年歲月中和飲食有關的點滴，或人物，或時地，或掌故，信手拈來，所傳遞的，不僅是一道道佳餚的美好滋味，更多的是對漸漸消逝的文化之戀戀情懷。

【生活 002】

記憶中的收藏

趙　珩　著

五十年，是人的大半生，卻是歷史的匆匆一瞬。而近五十年來，中國社會經歷巨變，許多傳統事物和文化，如舊唱片、走馬燈、戲劇、碑帖、春節禮俗……都逐漸從人們的記憶中飄逝。作者採擷過往人生經歷和見聞，以感性的筆觸，娓娓道出收藏於記憶中的人情、事物、風俗。雖說是個人雜憶，卻觸及諸多社會文化現象，再現了五十年間急遽消逝的生活場景。

國家圖書館出版品預行編目資料

飲膳佳會：餐桌上的文化史／周惠民著.－－初版一刷.－－臺北市：三民，2018
面；　公分.－－(世紀文庫:生活07)

ISBN 978-957-14-6358-2　(平裝)
1. 飲食風俗 2. 文化史

538.7　　106022365

© 飲膳佳會
——餐桌上的文化史

著作人　周惠民
責任編輯　陳怡安
美術設計　蔡季吟

發行人　劉振強
著作財產權人　三民書局股份有限公司
發行所　三民書局股份有限公司
地址　臺北市復興北路386號
電話　(02)25006600
郵撥帳號　0009998-5
門市部　(復北店) 臺北市復興北路386號
(重南店) 臺北市重慶南路一段61號

出版日期　初版一刷　2018年1月
編號　S 858240
行政院新聞局登記證局版臺業字第〇二〇〇號

ISBN　978-957-14-6358-2　(平裝)

http://www.sanmin.com.tw　三民網路書店